Claudia Hammann

AVWS – Auditive Verarbeitungs- und Wahrnehmungsstörungen bei Schulkindern

Ein Ratgeber für Lehrer, Betreuer, Angehörige und Betroffene

Claudia Hammann

AVWS – Auditive Verarbeitungs- und Wahrnehmungsstörungen bei Schulkindern

Ein Ratgeber für Lehrer, Betreuer, Angehörige und Betroffene

Bibliografische Information der Deutschen Nationalbibliothek

Die Deutsche Nationalbibliothek verzeichnet diese Publikation in der Deutschen Nationalbibliografie; detaillierte bibliografische Daten sind im Internet über http://dnb.d-nb.de abrufbar.

Besuchen Sie uns im Internet: www.schulz-kirchner.de

4., geringfügig überarbeitete Auflage 2022
3., unveränderte Auflage 2019
2., geringfügig aktualisierte Auflage 2016
1. Auflage 2012
ISBN 978-3-8248-0994-3
eISBN 978-3-8248-0933-2
© Schulz-Kirchner Verlag GmbH, 2022
Mollweg 2, D-65510 Idstein
Vertretungsberechtigte Geschäftsführer:
Dr. Ullrich Schulz-Kirchner, Martina Schulz-Kirchner
Titelfoto: © Markus Bormann - Fotolia.com
Audiodatei (zum Download): Männlicher Berufssprecher: Markus Böttcher, Detmold
Zeichnungen: Dipl.-Ing. Claudia Peuker, Detmold
Fachlektorat: Dr. Claudia Iven
Lektorat: Doris Zimmermann
Umschlagentwurf und Layout: Petra Jeck
Druck und Bindung:
Plump Druck & Medien GmbH, Rolandsecker Weg 33, 53619 Rheinbreitbach
Printed in Germany

Die Informationen in diesem Werk sind von der Verfasserin und dem Verlag sorgfältig erwogen und geprüft, dennoch kann eine Garantie nicht übernommen werden. Eine Haftung der Verfasserin bzw. des Verlages und seiner Beauftragten für Personen-, Sach- und Vermögensschäden ist ausgeschlossen.

Dieses Werk, einschließlich aller seiner Teile, ist urheberrechtlich geschützt. Jede Verwertung außerhalb der engen Grenzen des Urheberrechtsgesetzes (§ 53 UrhG) ist ohne Zustimmung des Verlages unzulässig und strafbar (§ 106 ff UrhG). Das gilt insbesondere für die Verbreitung, Vervielfältigungen, Übersetzungen, Verwendung von Abbildungen und Tabellen, Mikroverfilmungen und die Einspeicherung oder Verarbeitung in elektronischen Systemen. Eine Nutzung über den privaten Gebrauch hinaus ist grundsätzlich kostenpflichtig. Anfrage über: info@schulz-kirchner.de

Inhaltsverzeichnis

Vorwort zur Reihe	7
Danksagung	8
Einleitung	9
Die Theorie	**11**
AVWS – eine Begriffseinordnung	11
„Caesars Reise" vom Ohr zum Gehirn	12
Reisebegleiter: mal Freund – mal Feind	15
Die Teilleistungen der auditiven Verarbeitung und Wahrnehmung	16
Auditives Gedächtnis	17
Auditive Ergänzung	19
Auditive Synthese	19
Dichotisches Hören	20
Lautdiskrimination	22
Trennung von Nutz- und Störschall	23
Komprimierte Sprache	25
Lautheitsempfinden	26
Richtungshören	27
Mustererkennung	28
Auditive Aufmerksamkeit	29
Phonologische Bewusstheit	30
Ursachenforschung	32
Nachbarstörungen	32
Die Praxis	**34**
Alex – ein Extrembeispiel	34
Die schulische Förderung von Kindern mit AVWS	40
Der Klassenraum	41
Wohin mit dem Kind?	44
Was kann der Lehrer tun?	46
Das Lehrerverhalten	46
Die Lehrersprache	48
Die Unterrichtsgestaltung	51
Was ist sonst für die Schule sinnvoll?	55
Computerprogramme	55

Bücherempfehlungen / Übungssammlungen	55
Einige konkrete Übungsratschläge für den Unterricht	57
Und das Kind?	60
So, das war`s – und nun?	62

Literatur, Material und Adressen 63

Genderaspekt
Die Nennung der grammatikalisch männlichen Formen in diesem Ratgeber geschieht aus stilistischen Gründen und beinhaltet jeweils auch die weiblichen Formen.

Vorwort zur Reihe

Die Ratgeber für „Angehörige, Betroffene und Fachleute" vermitteln kurz und prägnant grundlegende Kenntnisse auf wissenschaftlicher Basis und geben Hilfestellungen zu ausgewählten Themen aus der Medizin, der Sprach- und der Ergotherapie. Die Autor(inn)en der Reihe sind ausgewiesene Fachleute mit langjähriger Erfahrung in Diagnostik, Therapie, Beratung und Lehre.

Schulkinder mit einer auditiven Verarbeitungs- und Wahrnehmungsstörung (AVWS) stehen vor ganz besonderen Herausforderungen, weil sie aufgrund ihrer Behinderung dem oft sehr sprach-zentrierten Unterricht nicht ausreichend folgen können. Das eigentlich nur die Hörverarbeitung betreffende Problem wächst sich in der Schulzeit daher oft zu einem viel größeren Problem des schulischen Lernens und Sozialverhaltens aus.

Mit ihrer Erfahrung als Lehrerin von Kindern mit AVWS, mit einem ausgesprochen großen Verständnis für die Schwierigkeiten der Kinder und mit sehr viel Praxis-Know-how zum Unterrichtsalltag gelingt es der Autorin, das komplizierte Dickicht der AVWS zu durchdringen. Mit anschaulichen Informationen im Theorieteil wird das Problem fassbar, und die vielen in der Schulpraxis erprobten Beispiele verdeutlichen, was das Schulkind mit AVWS braucht. Die Hilfestellungen und Unterstützungsvorschläge reichen dabei von der Ausstattung des Klassenzimmers über die Optimierung der Unterrichtsgestaltung bis hin zu Vorschlägen für Übungs- und Therapieprogramme.

Mit dem vorliegenden Ratgeber erhalten Lehrer, Eltern und betroffene Kinder eine kompakte Informationssammlung darüber, was genau eigentlich das Problem ist, wenn ein Kind eine AVWS hat, und wie alle Beteiligten helfen können. Die klugen Praxistipps, die im Schulalltag umgesetzt werden können, helfen hoffentlich vielen Schulkindern mit AVWS und ihren Lehrern dabei, die Lernumgebung und -bedingungen möglichst optimal zu gestalten.

Dr. Claudia Iven
(Herausgeberin)

Danksagung

„Was du ererbt von deinen *Eltern* hast, erwirb es, um es zu besitzen". Sehr frei nach Goethe gilt meine tief empfundene Dankbarkeit meinen Eltern, deren „Erbe" mir ermöglicht, so viel zu tun!

Dankbare Verbundenheit möchte ich zu Rolf-Dieter Morgenthal (leider ab Februar 2013 ehemaliger Leiter der Förderschule Sprache des Kreises Lippe) ausdrücken, dem ich das Thema sowie die praktische Erfahrung und Umsetzung zu verdanken habe.

Große Anerkennung auch allen KollegInnen der Irmela-Wendt-Schule in Lage-Pottenhausen, die mit viel Geduld alle Risiken und Nebenwirkungen des Themas ertragen und immer zur aktiven Mitarbeit und Unterstützung bereit sind.

Dank allen SeminarteilnehmerInnen der letzten Jahre, die mich mit ihren Fragen und Kindern immer wieder neu zum Nachdenken und Nachforschen gebracht haben.

Vielen Dank auch dem Schulz-Kirchner Verlag für die Verwirklichung des Projektes und die immer wieder tolle Zusammenarbeit.

Meine künstlerische Achtung und Bewunderung gehören Andrew Garsden und David Gilmour, deren musikalische Inspirationen den gesamten Geburtsvorgang des Ratgebers begleitet haben, und die hoffentlich gerne gemeinsam genannt werden.

Ganz spezieller Dank gilt aber den Kindern, die mich mit ihrer Offenheit, ihren Bedürfnissen und Entwicklungen, ihrer Verzweiflung wie ihrer spontanen Freude immer wieder inspirieren, nach neuen, nicht notwendigerweise wissenschaftlichen Wegen des Umgangs mit Beeinträchtigungen zu suchen.

Einleitung

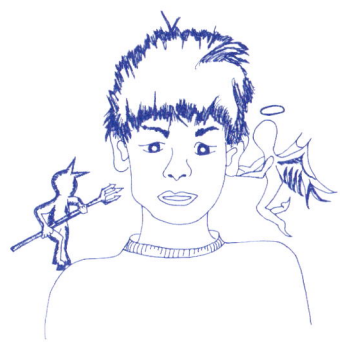

Jan lauscht aufmerksam der Erzählung eines Mitschülers, der vom Geburtstag seiner Oma berichtet. Am Ende ruft er das eine Wort laut und fragend in die Klasse, das bei ihm vollständig angekommen ist: „Kuchen?"

Lisa versucht angestrengt, den Erklärungen der Sportlehrerin in der Turnhalle zu folgen. Als alle anderen Kinder in die angewiesenen Richtungen laufen, weiß sie nicht, was sie machen soll und orientiert sich an ihrer Freundin.

Mischa hört die Anweisungen der Lehrerin: „Hole jetzt deine rote Mappe aus dem Ranzen und deinen Bleistift aus dem Stiftekasten." Mischa überlegt eine Weile und holt einen roten Stift aus der Federmappe.

Tim arbeitet an seinem Gruppentisch und tauscht sich gelegentlich mit einem Nachbarn aus. Die Lehrerin steht an der Tafel und ruft seinen Namen. Hilflos und suchend blickt sich Tim in der Klasse um und sucht die Person, die offensichtlich etwas von ihm will.

Alex wiederholt gerade die erste Klasse, ohne in angemessener Weise Lesen und Schreiben zu lernen. In den anderen Fächern sind seine Leistungen mindestens durchschnittlich. Im Deutschunterricht betätigt er sich gerne als Klassenclown. Immer öfter ist er in körperliche Auseinandersetzungen verwickelt. Als die Lehrerin ihm in einer Stillarbeitsphase helfend über die Schulter schaut, dreht Alex sich um und meint abwehrend: „Du brauchst gar nicht zu gucken – ist eh alles verkehrt."

Fünf Kinder – Fünf verschiedene Symptombilder – Fünf Leidensgeschichten – Eine gemeinsame Diagnose: AVWS.

Die sogenannte „Auditive Verarbeitungs- und Wahrnehmungsstörung" (AVWS) ist ein vielschichtiges und oft nur schwer zu fassendes Phänomen. Vor wenigen Jahren wurde die reine Existenz des Störungsbildes noch infrage gestellt. Heute diskutieren Fachleute weltweit über mögliche Definitionen, Diagnosestandards und Therapieansätze. Einigkeit ist – wenigstens in diesen Bereichen –nicht in Sicht.
Übereinstimmung herrscht alleine bei der Erkenntnis, dass die Zahl der betroffenen Kinder eher zunimmt, die Kinder einem z.T. enormen Leidensdruck ausgesetzt sind und insbesondere in der Schule mit dramatischen Problemen konfrontiert werden.
Aber eine noch nicht abgeschlossene wissenschaftliche Diskussion über Goldstandards und Statements darf nicht dazu führen, dass Kinder, Eltern und Lehrer mit ihren ganz praktischen Problemen alleine gelassen werden und oft genug schließlich scheitern. Die Vielschichtigkeit der Symptome lässt Lehrer oft in andere Richtungen denken. Der Verdacht z.B. auf eine Lese-Rechtschreibstörung, ein Aufmerksamkeitsdefizit, eine emotional-soziale Störung oder eine allgemeine Lernstörung verhindert oft eine zeitnahe korrekte Diagnose und damit auch eine zielgerichtete Intervention. Wertvolle Zeit verstreicht, die die betroffenen Kinder einem steigenden Leidensdruck aussetzt. Im schlimmsten Fall droht ein allgemeines schulisches Versagen.

Hier möchte dieser Ratgeber ansetzen. Auf der Basis vor allem praktischer Erfahrungen soll er insbesondere Lehrern, aber auch Kindergärtnern, Sozialpädagogen, allen, die schulbezogen mit Kindern arbeiten, sowie auch Eltern Hinweise geben, auf auditive Auffälligkeiten bei Kindern aufmerksam zu werden, mit gezielten Beobachtungen eine Verdachtsdiagnose in Betracht zu ziehen oder auszuschließen, das richtige Fachpersonal zurate zu ziehen und nach einer gegebenenfalls positiven Diagnose das betroffene Kind optimal in seinem schulischen Lernen, Verhalten und Leben zu unterstützen.
Pauschale Ratschläge werden allerdings kaum möglich sein. Jedes der fünf eingangs genannten Kinder benötigt eine andere Form der Hilfestellung, andere Kompensationsstrategien, eine andere Form der Lehreransprache. Daher muss für jedes betroffene Kind individuell nach den besten Lösungen gesucht werden.
Und nicht immer wird sich für jedes Kind der optimale Weg finden. Schwierige Rahmenbedingungen lassen manche beste Absicht scheitern. Auch dies wird der Leser diesem Ratgeber „aus der Praxis – für die Praxis" entnehmen können. Dennoch ist die Arbeit mit Kindern, die von einer AVWS betroffen sind, eine spannende und immer wieder herausfordernde Aufgabe, die hohe Anforderungen an die Fantasie, Kreativität und Empathie des Lehrers stellt und im optimalen Fall die besten Früchte erbringt, die pädagogische Arbeit nur „einfahren" kann: den schulischen Erfolg und das „Aufblühen" der Kinder bei passender Intervention.
Schauen wir uns also an, wie wir das „Teufelchen" zwischen Ohr und Gehirn entmachten können.

| Die Theorie

AVWS – eine Begriffseinordnung

Betrachten wir den Begriff der „Auditiven Verarbeitungs- und Wahrnehmungsstörungen" (AVWS) genauer, so kann man ihn in vier Bestandteile unterteilen:

1. Auditiv
2. Verarbeitung
3. Wahrnehmung
4. Störung

Beginnen wir mit dem Begriff **„auditiv"** (von „audire" = hören). Grundsätzlich beschreibt der Begriff „auditiv" alles das, was mit dem Hören zu tun hat. In der Medizin heißt „auditiv" ganz allgemein: den Gehörsinn oder das Hörorgan bzw. das Hören betreffend. Allerdings muss man das Hören wiederum in mehrere Bereiche unterteilen und nicht alle sind für die AVWS relevant.

Wenn wir nun beginnen, etwas zu hören, dann durchläuft dieser Vorgang verschiedene Phasen. Zunächst einmal geht es darum, das Geräusch überhaupt wirklich hören zu können – also im landläufigen Sinn nicht gehörlos oder schwerhörig zu sein. Kann man das Geräusch angemessen hören (dies wird als **„peripheres Hören"** bezeichnet), so ist ein wesentlicher Teil der auditiven Leistungen in Ordnung. Als Nächstes wird dieses gehörte Geräusch über verschiedene Stationen im Ohr weiter geleitet. Dann verlässt allerdings diese Weiterleitung das Ohr und wird über einen Nerv in Richtung Gehirn transportiert. Und genau hier kommt der Begriff der **„Verarbeitung"** ins Spiel. Erreichen diese Nervenimpulse dann das Gehirn – und hier die verschiedenen Hörzentren, die für Geräusche, Musik oder Sprache zuständig sind –, dann beginnt die **„Wahrnehmung"**.

Grob gesagt ist die auditive Verarbeitungs- und Wahrnehmungsstörung (AVWS) eine Störung, bei der die peripheren Bereiche des Hörens in Ordnung, die zentralen Bereiche des Hörens – eben die Verarbeitung und die Wahrnehmung – aber beeinträchtigt sind. Hierzu gibt es eine für den deutschen Raum gültige Definition namhafter Wissenschaftler bzw. Mediziner:

„Eine Auditive Verarbeitungs- und/oder Wahrnehmungsstörung (AVWS) liegt vor, wenn bei normalem Tonaudiogramm zentrale Prozesse des Hörens gestört sind. Zentrale Prozesse des Hörens ermöglichen u.a. die vorbewusste und bewusste Analyse, Differenzierung und Identifikation von Zeit-, Frequenz- und Intensitätsveränderungen akustischer oder auditivsprachlicher Signale sowie Prozesse der binauralen Interaktion (z.B. zur Geräuschlokalisation, Lateralisation, Störgeräuschbefreiung, Summation) und der dichotischen Verarbeitung." (Nickisch u.a., 2019)

Was dies im Einzelnen bedeutet, werden wir im Kapitel über die auditiven Teilleistungen detailliert klären. Hierzu vielleicht noch eine kleine statistische Ergänzung: Man geht im Allgemeinen davon aus, dass etwa 2-3% aller Kinder (Jungen 2 : Mädchen 1) eine AVWS aufweisen. Es wird angenommen und vielfach beobachtet, dass diese Zahl steigt. Schauen wir uns nun aber den Weg eines Geräusches von der Entstehung zum Gehirn genauer an.

„Caesars Reise" vom Ohr zum Gehirn

Stellen Sie sich vor, wieder als Schüler in Ihrer alten Schulklasse zu sitzen. Der Lehrer steht vor der Klasse und erklärt die gallischen Kriege in der lateinischen Sprache. Seine Worte dringen in Ihr Ohr. Das Wort „Caesar" fällt und macht sich auf den Weg zu Ihrem Gehirn.
Die erste Etappe des Weges legt „Caesar" als Schallwelle zurück. Er wird von der **Ohrmuschel** (dem sichtbaren äußeren Teil unseres Ohres) aufgefangen und in den **äußeren Gehörgang** geleitet. Hier trifft er auf das **Trommelfell**, das er in Schwingungen versetzt. Je nachdem, wie laut, wie leise, wie hoch oder tief Ihr Lehrer spricht, können die Schwingungen, die „Caesar" verursacht, schneller oder langsamer, stärker oder schwächer sein. Mit dem Trommelfell hat „Caesar" den ersten Teil seines Feldzuges – Verzeihung – seines Weges hinter sich gelassen. Er verlässt nun das **„äußere Ohr"** und beginnt den zweiten Teil seiner Reise zum Gehirn. Dieser führt ihn ins **„Mittelohr"**. Hier befindet sich die sogenannte „Gehörknöchelchenkette", deren Teile – der **Hammer**, der **Amboss** und der **Steigbügel** – gut einprägsam nach ihrem Aussehen benannt sind.
Das Mittelohr ist mit Luft gefüllt und die Schwingungen, die „Caesar" am Trommelfell ausgelöst hat, werden durch die Schwingungen des Trommelfells nun auf die Luft der Gehörknöchelchenkette übertragen. Jeder einzelne Teil der Kette gibt die Schwingungen an den jeweils nächsten weiter, bis sie am Ende der Kette beim Steigbügel angekommen sind. Und hier am Ende des Mittelohres endet der zweite Abschnitt der Reise. Hier befindet sich das sogenannte **„Ovale Fenster"**. Der Steigbügel gibt die entstandenen Schwingungen an dieses Ovale Fenster weiter. Dahinter beginnt der dritte Teil der Reise im **Innenohr**.
Während das Mittelohr, das „Caesar" bisher durchwandert hat, mit Luft gefüllt ist, muss er sich nun ins nasse Element begeben, denn das Innenohr ist mit Flüssigkeit, genauer mit Lymphflüssigkeit, gefüllt. Diese Flüssigkeit wird nun durch die Impulse des Steigbügels auf das Ovale Fenster in entsprechende Schwingungen versetzt, die innerhalb des Innenohres weitergeleitet werden.
Im Innenohr befindet sich die sogenannte **„Schnecke"** (oder fachlich **Cochlea**), die genauso aussieht, wie sie heißt. In ihrem Inneren sind an einer Membran kleinste Haarzellen, die in der Lymphflüssigkeit die weitergeleiteten Schwingungen sozusagen „entgegennehmen". Dabei sind bestimmte Regionen dieser Haare für bestimmte Schwin-

gungen zuständig. War Ihr Lateinlehrer eine Lehrerin, so waren die Haarzellen gleich am Anfang der Schnecke für die Annahme der Schwingungen zuständig, da sie auf hohe Töne reagieren. Sprach Ihr Lehrer dagegen mit tiefer Stimme, so mussten die Schwingungen bis ans Ende der Cochlea wandern, wo die Haarzellen für die tiefen Töne sitzen. Lauschen Sie einmal nicht einer einzelnen Stimme, sondern z.B. einem klassischen Orchester, so werden fast alle Bereiche der Cochlea angesprochen, die für die hohen Töne zuständigen zuerst, die für die tieferen Töne zuständigen später.

Die Haarzellen, die durch für sie relevante Schwingungen reagieren, geben nun Impulse an mit ihnen verknüpfte Nervenfasern weiter. Diese Nervenfasern laufen, vereinfacht gesagt, zusammen, bündeln sich und aus ihnen geht der **Hörnerv** hervor. Dieser leitet die Impulse weiter zum Gehirn. An dieser Stelle, wo die Haarzellen ihre Impulse an die Nervenfasern weitergeben, verlässt „Caesar" nun den dritten Abschnitt seiner Reise. Er verabschiedet sich hier von mehreren Aspekten:

- Zum einen verlässt er das Ohr,
- zum anderen reiste er bisher auf mechanischem Weg.
- Von hier ab wird „Caesar" nun als elektrischer Impuls weitergereicht.
- Und noch etwas ist entscheidend: Bisher durchlief er das **periphere Hören**, ab jetzt jedoch beginnen die **zentralen** Aspekte des Hörens.

Vorher soll die bisherige ‚Reiseroute' aber noch einmal kurz bildlich dargestellt werden:

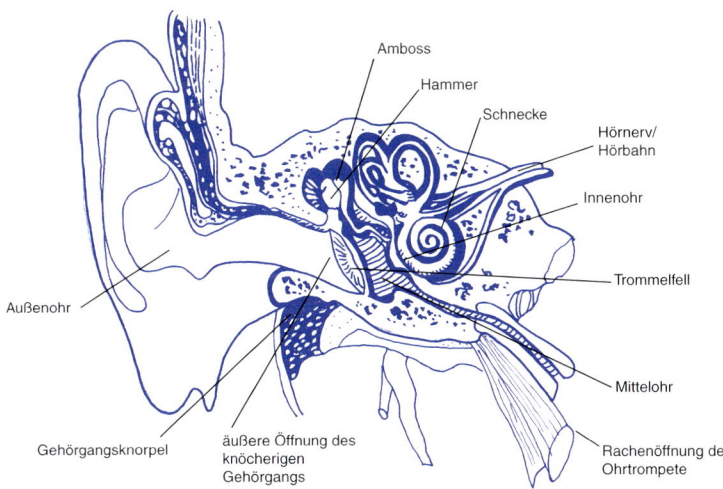

Nachdem „Caesar" nun also das Ohr und damit das periphere Hören verlassen hat, muss er dem Hörnerv in Richtung Gehirn folgen. Die genauen hirnphysiologischen Vorgänge können in der einschlägigen Fachliteratur nachgelesen werden, sodass hier nur eine kurze Skizzierung der weiteren „Reiseroute" gegeben werden soll:

Zentrale Hörverarbeitung

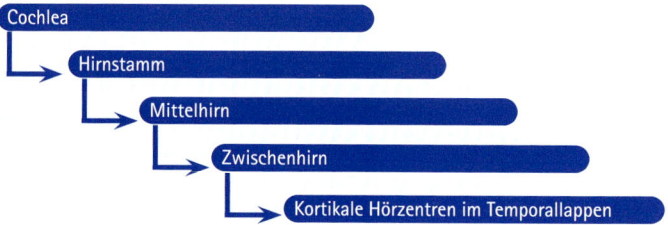

Bisher haben wir außer Acht gelassen, dass „Caesar" Sie beidohrig (binaural) durchwandert. Interessant ist an dieser Stelle, dass die Reise durch die getrennten Ohren im Hirnstamm (genauer im Olivenkomplex) zusammengeführt wird, wo die Informationen über Lautstärke, Entfernung, Richtung, etc. verglichen werden. Interessant ist auch noch, dass – je weiter „Caesar" sich vorarbeitet – seine Analyse immer detaillierter wird. So findet auf den unteren Ebenen eine reine Tonanalyse statt, also Tonhöhe, Lautstärke, Bestimmung der Richtung, aus der das Geräusch kommt, usw. Erst in den höheren, für die Verarbeitung von Sprache zuständigen Hirnregionen (Temporallappen) findet die wirkliche Verarbeitung der sprachlichen Anteile statt, also z.B. die Analyse des Satzes, des Wortgehaltes, etc. Zu beachten ist auch, dass unterschiedliche Klangqualitäten in unterschiedlichen – spezifisch für sie zuständigen Hirnregionen verarbeitet werden. So gibt es Regionen, die für die Verarbeitung und Wahrnehmung von Musik zuständig sind und andere, in denen Sprache wahrgenommen wird. Wir werden bei den Ausführungen zur Therapie auf diesen Gesichtspunkt zurückkommen.

Die auditiven Bahnen

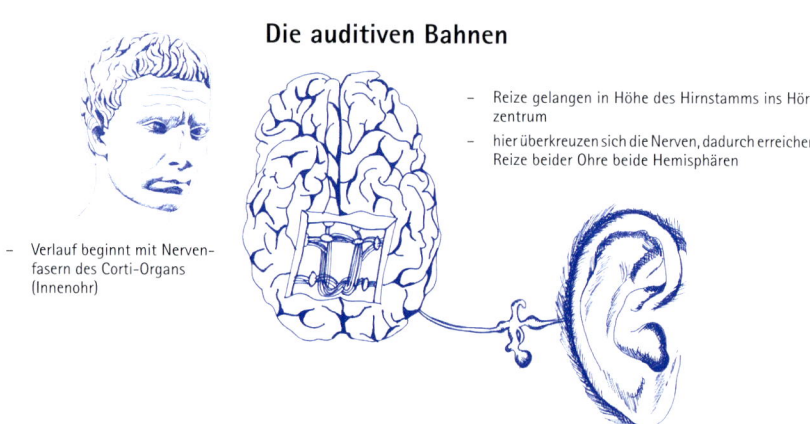

- Verlauf beginnt mit Nervenfasern des Corti-Organs (Innenohr)
- Reize gelangen in Höhe des Hirnstamms ins Hörzentrum
- hier überkreuzen sich die Nerven, dadurch erreichen Reize beider Ohren beide Hemisphären

Aber zurück zu „Caesar": Bei allen Hürden, die er bisher überwunden hat, stellen sich ihm nun Begleiter zur Seite, die seine Reise vom Ohr bis in die Schaltstellen der Verarbeitung und Wahrnehmung weiter beeinflussen – positiv wie negativ. Von ihnen soll nun die Rede sein:

Reisebegleiter: mal Freund – mal Feind

Begeben wir uns zurück zur Ausgangssituation. Sie sitzen im Klassenzimmer und hören Ihrem Lehrer bei seinen Ausführungen über die gallischen Kriege zu. Seine Sprache dringt an Ihr Ohr, der akustische Reiz durchwandert den eben geschilderten Weg. Nun treffen aber Einflüsse auf diesen Prozess, die die Wanderung erleichtern oder erschweren können. Stellen wir uns vor, Sie seien ein analytisch denkender Mensch, dem das Auswendiglernen von grammatischen Strukturen und Vokabeln sehr leicht fällt. Latein ist also Ihr Lieblingsfach. Sie erhalten eine gute Note nach der anderen und verstehen sich mit Ihrem Lehrer ausgezeichnet. Man kann davon ausgehen, dass Sie seinen Erzählungen interessiert folgen, einzelne Aspekte mit dem bei Ihnen vorhandenen Wissen abgleichen, Erwartungen in Bezug auf seine weiteren Erklärungen bilden und sich die Ergebnisse der Stunde merken werden. Insgesamt verfolgen Sie den Verlauf der Stunde aufmerksam und motiviert. Dies führt dazu, dass Sie auch Inhalte oder Wortfetzen, die Sie nicht verstanden haben, weil Ihr Nachbar gerade geräuschvoll das Handy in seiner Tasche verschwinden lässt, noch wahrnehmen und sinnvoll ergänzen können und sich auch durch das Gemurmel der Mitschüler hinter Ihnen nicht aus der Konzentration reißen lassen.

Die gleichen Komponenten (Motivation, Aufmerksamkeit, Konzentration, aktives Zuhören, ...), die bei Ihnen einen positiven Effekt haben, können aber auch genau das Gegenteil bewirken. Ihr Mitschüler, den eine große Antipathie mit „Caesar" verbindet und dessen Aussichten auf eine gute Note gegen null tendieren, wird jede Ablenkung zum Anlass nehmen, sich gedanklich von „Caesar" zu trennen. Jedes Geräusch wird seine Aufmerksamkeit vom Unterrichtsgegenstand trennen, jedes nur halb verstandene Wort wird die Konzentration weiter schwinden lassen, bis „Caesar" irgendwo zwischen dem Innenohr und dem Kortex geschlagen auf der Strecke bleibt.

Wir können also festhalten, dass eine erfolgreiche auditive Verarbeitung und Wahrnehmung nicht nur von einem intakten peripheren und zentralen Hören abhängen, sondern auch von positiven Begleitumständen, die als „höhere mentale Funktionen" bezeichnet werden und sich u.a. aus den folgenden Aspekten zusammensetzen (s. Abb. nächste Seite).

Beide Komponenten – die Aspekte des Hörens und die der höheren mentalen Funktionen – können sich gegenseitig beeinflussen.

Stellen wir uns eine Person mit eingeschränkter Hörverarbeitung vor, die über grundsätzlich gute höhere mentale Fähigkeiten verfügt. Erlebt diese Person kontinuierlich Situationen, in denen sie Inhalte trotz intensiver Bemühungen nicht wahrnehmen kann, werden nach einer gewissen Zeit u.U. Motivation, Konzentration und Aufmerksamkeit negativ beeinflusst werden. Der Erfolg bleibt aus – man verliert die Lust. Andererseits können die höheren mentalen Funktionen Defizite in der Hörverarbeitung bis zu einem gewissen Grad ausgleichen, sodass ihnen eine große Bedeutung bei der Kompensation

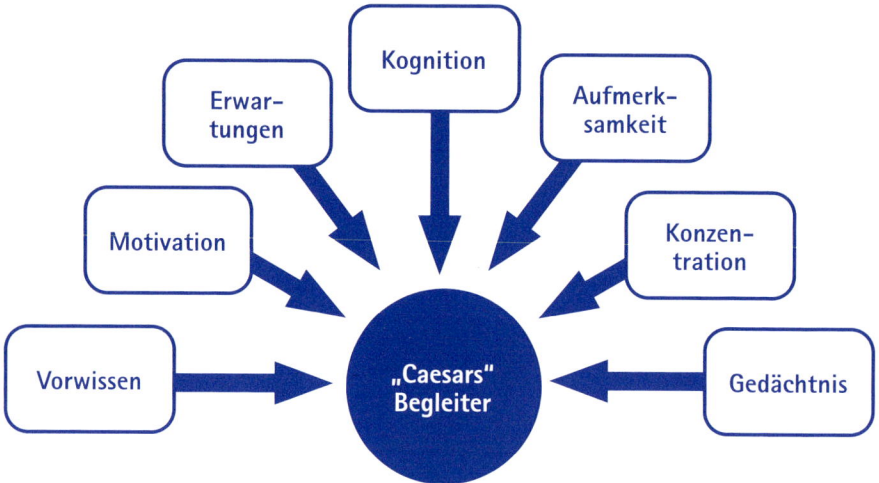

einer Störung der Hörverarbeitung und der Förderung zukommt. Wir werden später davon hören.

Bei der Beschreibung der Unterrichtssituation sind bereits einige Aspekte zur Sprache gekommen, die das Hören erschweren können – z.B. Lärm oder Geräusche in der Umgebung. Es gibt Menschen, die solche Störgeräusche vollkommen überhören können und andere, die bei entsprechenden Störungen ausgesprochen hilflos reagieren. Dies ist eine der möglichen Teilleistungen der Hörverarbeitung und gleichzeitig vielleicht die bekannteste. Im Folgenden wollen wir uns die Teilleistungen genauer anschauen und ergründen, welchen Einfluss sie auf die Hörverarbeitung im Alltag konkret haben können.

Die Teilleistungen der auditiven Verarbeitung und Wahrnehmung

An dieser Stelle möchte ich zwei Geschehnisse aus der Praxis anführen, die die Verzwicktheit des Störungsbildes AVWS verdeutlichen.
- Eine Mutter sitzt vor mir, ihr Sohn ist von der Grundschullehrerin als auffällig gemeldet worden. Sven wurde daraufhin bei einem Arzt vorgestellt. Nachdem der Arzt im Rahmen eines Screenings eine AVWS-Verdachtsdiagnose gestellt hatte, wurden die auditiven Fähigkeiten im Rahmen der Überprüfung des sonderpädagogischen Förderbedarfs ein zweites Mal überprüft und eine umfangreiche AVWS konnte festgestellt werden. Die Diagnose teilte ich nun der Mutter mit. Diese nickt und bestätigt, dass auch der Arzt diesen Verdacht geäußert hatte. Nach einer kurzen Pause fragt sie zaghaft: „Aber was hat mein Sohn denn nun eigentlich?" Niemand

hatte sich bisher die Mühe gemacht, der besorgten Mutter detailliert zu erklären, was diese Diagnose beinhalten kann und bei ihrem Sohn konkret bedeutete.
- Ein von mir im Rahmen einer Überprüfung des sonderpädagogischen Förderbedarfs überprüftes Kind wies in einzelnen spezifischen Teilleistungen eine sehr schwere AVWS auf. Es besuchte nun unsere Schule mit dem Förderschwerpunkt Sprache. Einige Zeit später sprach mich die Mutter, mit der ich zahlreiche Gespräche geführt hatte, an und meinte, ihr Hausarzt habe ihr mitgeteilt, der Junge könne gar keine AVWS haben, er könne doch im Störgeräusch gut hören. Der Arzt hatte vollkommen verkannt, dass es neben der vermutlich bekanntesten Teilleistung einer AVWS, dem Hören im Störgeräusch, noch eine Vielzahl anderer möglicher Teilleistungsstörungen gibt.

Diese beiden Situationen, die für viele Familien beispielhaft sind, verdeutlichen gut die Schwierigkeiten, die in Bezug auf Aufklärung, Information und Vorurteile gegenüber dem Störungsbild bestehen.
Aus diesen beiden Gesprächen resultiert der Wunsch, Eltern im schulischen Beratungskontext mehr Informationen an die Hand zu geben, sodass sie genauer erkennen können, welche Probleme mit einer AVWS verbunden sein können. Zur elterngerechten Vermittlung wurde ein Gespräch nachgestellt, das die typischen und vielschichtigen Symptome einer AVWS komprimiert zusammenfasst. Sie können dieses Gespräch als MP3-Datei unter www.skvshop.de (auf der Artikel-Detailseite) herunterladen und entsprechend bei Elterngesprächen o.Ä. verwenden.

Schauen wir uns nun diese Teilleistungsstörungen etwas genauer an. Ich möchte dies in dreierlei Hinsicht tun. Erstens soll die Teilleistung natürlich vorgestellt werden. Dann möchte ich Ihnen einen kurzen Einblick in eine typische Diagnosemöglichkeit dafür geben. Und zuletzt soll veranschaulicht werden, welche Schwierigkeiten eine Einschränkung in dem entsprechenden Bereich mit sich bringen kann. Wir schlagen also drei Fliegen mit einer Klappe – sozusagen.

Auditives Gedächtnis

→ Fähigkeit, nacheinander eintreffende akustische Informationen für eine Weiterverarbeitung zu speichern.

Diagnose: Sie sprechen dem Kind Zahlen, Wörter oder Sätze in ansteigender Schwierigkeit vor, die das Kind wiederholen muss. Ein typischer Test hierfür ist der sogenannte „Mottier-Test", bei dem sinnlose Silben vorgegeben werden (z.B. re – la), die das Kind wiederholt. Man beginnt mit zwei Silben und steigert so lange, bis das Kind die Silben nicht mehr korrekt wiedergeben kann. Diese Silben können durch den Untersucher selbst vorgesprochen werden, wobei darauf geachtet werden sollte, dass sie ohne Betonung und in einem Abstand von etwa einer Sekunde vorgetragen werden. Auch die Verwendung einer entsprechenden Test-CD ist möglich (s. Materialliste).

Alltagsrelevanz: Im schulischen Alltag wird das Kind kontinuierlich mit der Anforderung konfrontiert, sich Dinge zu merken, die ausschließlich sprachlich vorgetragen werden, und die entsprechenden Handlungen auszuführen.

> *Mischa hört die Anweisungen der Lehrerin: „Hole jetzt deine rote Mappe aus dem Ranzen und deinen Bleistift aus dem Stiftekasten." Mischa überlegt eine Weile und holt einen roten Stift aus der Federmappe.*

Dies kann die Folge einer eingeschränkten auditiven Merkfähigkeit sein. Mischa kann sich maximal *eine* Anweisung auf auditivem Wege merken. Ab der zweiten Anweisung schafft er es nicht mehr, die Dinge in der richtigen Reihenfolge oder der richtigen Zuordnung zu erledigen. Das Schulleben ist überfüllt mit solchen Situationen. Wir erwarten von den Kindern, dass sie sich zeitliche Abfolgen merken und die Handlungen entsprechend zugeordnet ausführen.

> *Gleich haben wir Sport – du brauchst dein Sportzeug. Vorher möchte ich noch deine Hausaufgaben kontrollieren. Bitte nimm dein Schreibheft heraus.*

Mischa wird u.U. nur den ersten Teil erfasst haben, sein Sportzeug holen und den Lehrer in zweifacher Hinsicht verärgern. Er tut das Richtige zur falschen Zeit und das unmittelbar Erforderliche gar nicht. Darüber hinaus wird er von inhaltlich wichtigen Erklärungen immer nur Teile verinnerlichen:

> *Die Tulpe ist ein Frühblüher. Sie hat eine Zwiebel, einen Stängel, Blätter und es gibt sie in rot, gelb, weiß und sogar in schwarz.*

Können Sie sich vorstellen, wie viele dieser Informationen Mischa im Test über die Tulpe noch abrufen kann, wenn sie ausschließlich sprachlich vermittelt wurden?

Problem: Bereits mit dieser ersten Teilleistung, dem auditiven Gedächtnis, betreten wir die Tücken der AVWS. Im deutschsprachigen Raum enthält jede Überprüfung der auditiven Fähigkeiten standardmäßig auch eine Überprüfung des auditiven Gedächtnisses oder der auditiven Merkfähigkeit. Im amerikanischen Raum legte die American Speech-Language-Hearing Association (ASHA) im Jahre 2005 in einem „Technical Report" diejenigen Teilleistungen fest, die im engeren Sinne zu einer AVWS – oder auf Englisch APD (auditory processing disorder) gehören. Sie ahnen es – das auditive Gedächtnis gehört nicht dazu. Die ASHA benennt nur solche Leistungen, die direkt mit Hörleistungen verbunden sind, und verweist das auditive Gedächtnis in den Bereich höherer kognitiver Leistungen. Da wir aber in Deutschland leben, wollen wir das auditive Gedächtnis auch weiterhin hinzuzählen.

Auditive Ergänzung

→ Fähigkeit, fragmentarische auditive Gebilde zu sinnvollen Informationen zu vervollständigen.

Diagnose: Auch bei dieser Leistung können Sie die Diagnose mit oder ohne technische Hilfsmittel vornehmen. Dem Kind werden dabei unvollständige Wörter präsentiert, in denen ein Laut fehlt (To – ate). Das Kind hat die Aufgabe, das vollständige Wort zu sagen (Tomate). Hierbei ist insbesondere darauf zu achten, dass die Vokale so gesprochen werden, wie sie in der Umgangssprache des Kindes im vollständigen Wort klingen. Das Zielwort „Flasche" kann z.B. als „Fla – e" präsentiert werden. Hierbei ist es wichtig, das „e" am Ende so auszusprechen, wie es auch bei „Flasch**e**" am Ende klingt, also wie bei „**E**nte" und nicht wie bei „**E**sel", da das Kind sonst verwirrt werden kann.

Alltagsrelevanz: Immer wieder kann es im Schulleben vorkommen, dass ein Kind – aus welchen Gründen auch immer – einen Teil eines Wortes oder Satzes nicht gehört hat. Ein anderes Kind kann geniest oder gehustet haben, die Pausenklingel hat geläutet, der Hausmeister ist mit der Mülltonne vorbeigerumpelt. Kann ein Kind dann das nicht Gehörte nicht angemessen ergänzen, so wird ihm u.U. der gesamte Sinnzusammenhang unerschlossen bleiben. Oder das Kind ergänzt falsch und nimmt eine fehlerhafte Erkenntnis mit nach Hause. Eine typische, sehr isolierte Situation, in der dieses Problem sehr deutlich zutage treten kann, ist das Diktat. Hier wird in der Regel sehr deutlich gesprochen. Hört ein Kind aber einen Teil eines Wortes nicht und kann ihn nicht ergänzen, so wird das Wort unvollständig oder falsch geschrieben oder es wird ein Alternativwort verschriftlicht. Besonders fatal erweist sich eine Störung der auditiven Ergänzung, wenn sie zusammen mit einer Störung des Hörens im Störgeräusch auftritt. Hierzu siehe „Trennung von Nutz- und Störschall".

Auditive Synthese

→ Fähigkeit, aus einzelnen Elementen / getrennt artikulierten Phonemen eine komplexe akustische Gestalt / Worte zusammenzusetzen.

Diagnose: Auch hier kann man die Diagnose mit oder ohne technische Hilfsmittel durchführen. Es werden dem Kind Wörter präsentiert, die sozusagen auseinandergeschnitten werden (F – uß). Das Kind wird gebeten, das vollständig zusammengefügte Wort zu nennen (Fuß). Dabei werden Items mit ansteigendem Schwierigkeitsgrad angeboten, sodass Wörter auch in mehr als zwei Teilen präsentiert werden (P – a – p – ie – r). Auch hier ist – wie bei der auditiven Ergänzung – darauf zu achten, die Laute so auszusprechen, wie sie in der Umgangssprache im vollständigen Wort klingen, also sollte z.B. bei „B – a – ll" das „a" kurz gesprochen werden und nicht gedehnt.

Alltagsrelevanz: Die auditive Synthese wird in der normalen Alltagssprache kaum besondere Bedeutung erlangen oder besondere Beeinträchtigungen verursachen. Allerdings stellt sie eine Grundvoraussetzung beim Lesen- und Schreibenlernen dar. Sowohl die synthetisch arbeitenden Lese-Schreiblehrgänge wie auch die silbenorientierten Ansätze erwarten vom Kind das Zusammensetzen von Wörtern aus Einzelelementen, sei es nun, dass wir die „Tomate" aus „T – o – m – a – t – e" oder aus „To – ma – te" zusammenbasteln – immer geht es darum, aus getrennt artikulierten Bestandteilen ein Ganzes zu bilden. So wird ein Kind, das genau diese Fähigkeit nicht beherrscht oder sehr langsam erlernt, große Startschwierigkeiten bei den ersten Basisschritten des Deutschunterrichts zeigen.

Dichotisches Hören

→ Fähigkeit, gleichzeitig und gleichwertig auftretende verschiedene Sprachsignale miteinander zu verschmelzen bzw. voneinander zu trennen.

Diagnose: Die Überprüfung des dichotischen Hörens ist nur mittels technischer Hilfsmittel durchzuführen. Hierbei benötigen Sie eine Test-CD (s. Materialliste), ein entsprechendes Abspielgerät (CD-Player, Computer), einen guten Kopfhörer für das Kind, einen kleinen Kopfhörer für den Untersucher, einen Adapter, um beide Kopfhörer am Abspielgerät anzuschließen, und eine Möglichkeit, die Lautstärkeausgabe der Kopfhörer zu kontrollieren, also im professionellen Rahmen eine Möglichkeit, die Ausgabelautstärke des Abspielgerätes zu bestimmen (z.B. über ein Audiometer) oder – im nicht ganz so professionellen Rahmen – ein Lautstärkemessgerät (dB-Messer) zur Überprüfung der Ausgabelautstärke an den Kopfhörern. Die Ausgabe sollte mit 60 bis 65 dB erfolgen. Das klingt nun erst einmal sehr kompliziert, ist aber eigentlich im Rahmen eines nicht professionellen Screenings außerordentlich einfach zu bewerkstelligen (s. Abb.).

Dezibelmesser

CD-Abspielgerät, mit Test-CD

Dem Kind werden nun von der CD zeitgleich zwei Wörter präsentiert, pro Ohr jeweils eins – wie gesagt gleichzeitig. Das Kind hört also z.B. auf dem rechten Ohr das Wort „Haustür" und zur gleichen Zeit auf dem linken Ohr das Wort „Schulfreund". Es sollte nach Möglichkeit beide Wörter korrekt wiedergeben.

Alltagsrelevanz: Es gibt Menschen, die sich z.B. bei einer Feier in geselliger Runde unterhalten und dennoch gut mithören, wenn am Nebentisch über sie geredet wird. Diese Menschen verfügen über ein gutes dichotisches Hören – und über ein gutes Hören im Störlärm wohl auch. Nun lässt sich darüber streiten, ob es im schulischen Rahmen erforderlich ist, über diese Fähigkeit zu verfügen, weil in einem gut strukturierten Unterricht diese Fähigkeit nicht gefragt sein müsste, da es immer nur ein wichtiges Schallereignis geben sollte. Dennoch kann es dazu kommen, dass ein Kind zwei konkurrierenden Schallereignissen folgen möchte und schnell überanstrengt ist, wenn es dies nicht schafft. Diesen Kindern kann es passieren, dass sie sich für das falsche Schallereignis entscheiden (also vielleicht für das Gespräch am Nebentisch) und das „wichtige" Schallereignis (den Lehrervortrag) verpassen. Ebenso kann es passieren, dass diese Kinder auditiv ermüden und nach einiger Zeit gar nicht mehr zuhören können, da sie überfordert sind.

Neben diesen Aspekten ergibt die Überprüfung des dichotischen Hörens aber noch einen weiteren wichtigen Hinweis. Sie zeigt uns, welches Ohr das dominante ist. So ergibt sich bei der Überprüfung i.d.R. ein sehr charakteristisches Bild mit den folgenden Möglichkeiten:

- Es werden gehäuft diejenigen Wörter korrekt wiedergegeben, die dem rechten Ohr präsentiert wurden. Die Wörter des linken Ohres wurden nicht oder signifikant weniger erkannt.
    - → Schlussfolgerung: Das rechte Ohr ist das dominante/zu präferierende Ohr.
- Es werden gehäuft diejenigen Wörter korrekt wiedergegeben, die dem linken Ohr präsentiert wurden. Die Wörter des rechten Ohres wurden nicht oder signifikant weniger erkannt.
    - → Schlussfolgerung: Das linke Ohr ist das dominante/zu präferierende Ohr.
- Beide Ohren erkannten die Wörter gleichwertig.
    - → Schlussfolgerung: Ein dominantes/zu präferierendes Ohr ist nicht erkennbar. Eine Störung liegt beidseitig vor oder liegt nicht vor.

Diese Erkenntnis hilft uns beim Umgang mit dem Kind in der Klasse, z.B. was dessen Sitzposition im Verhältnis zum Lehrerstandort angeht. Wir werden in einem späteren Kapitel darauf zurückkommen, wenn es um die Gestaltung der Lernumgebung geht.

Lautdiskrimination

→ Fähigkeit, ähnlich klingende Laute zu unterscheiden.

Diagnose: Die Diagnose der Lautdiskrimination kann mit oder ohne technische Hilfsmittel erfolgen. Es gibt für diese Teilleistung zwei unterschiedliche Ansätze der Überprüfung. Zum einen können Sie dem Kind zwei Silben (mo – mo / mo – no) oder Wörter (Leiter – Leiter / Leiter – Reiter) vorsprechen, wobei das Kind die Aufgabe hat, zu entscheiden, ob die beiden Items identisch oder unterschiedlich sind. Sie sollten dabei darauf achten, dass das Kind nicht Ihr Mundbild ablesen kann, d.h., Sie sollten Ihren Mund verdeckt halten. Zum anderen können Sie dem Kind sinnlose Items vorsprechen (awe, ebu, adi, ...), die es wiederholen soll. Durch die Anzahl der Items und die Unterscheidung in einzelnen Lauten gewinnen Sie ein Gesamtbild derjenigen Laute, die das Kind besser bzw. schlechter differenziert wahrnehmen kann. Für die Überprüfung mit sinnlosen Items spricht, dass Kinder mit einem gut entwickelten Wortschatz und einer guten Ergänzungsfähigkeit bei sinnvollen Wörtern in der Lage wären, auch solche Wörter korrekt zu ergänzen und entsprechend korrekt wiederzugeben, die sie eigentlich nicht vollständig korrekt wahrgenommen haben. Diesen „Fehler" umgehen Sie mit Items, die keinen Sinn ergeben.

Alltagsrelevanz: Jedem Deutschlehrer dürfte klar sein, dass eine mangelhafte Differenzierungsfähigkeit in Bezug auf Laute eine mittlere Katastrophe beim Schriftspracherwerb darstellt. Wir alle kennen die Probleme von Kindern, z.B. „o" und „u" oder „e" und „i" zu unterscheiden. Wenn sich diese Schwierigkeit auf alle ähnlich klingenden Laute (B-P; D-T, M-N-L-NG; W-F, etc.) ausdehnt, kann sich jeder ausrechnen, wie schwierig, ja manchmal unmöglich es für die betroffenen Kinder ist, sich der Schriftsprache auf normalem Wege anzunähern. Da liegt die Fehldiagnose „Lese-Rechtschreibstörung" manchmal geradezu auf der Hand.
Zusätzlich gibt es für die Betroffenen aber noch das Problem der Alltagssituationen. Eine Differenzierungsschwäche muss nicht nur einzelne Laute betreffen, sondern kann Lautverbindungen, ja ganze Wörter mit einbeziehen, sodass es wiederholt in normalen Gesprächen zu Missverstehenssituationen kommen kann. Kinder nehmen Sachzusammenhänge falsch auf und ziehen u.U. die falschen Schlussfolgerungen, sodass sich gegebenenfalls soziale Probleme ergeben können, die von Aggressionen bis hin zum sozialen Rückzug reichen können. Es handelt sich also um eine weitreichende Teilleistungsstörung.

Trennung von Nutz- und Störschall

→ Fähigkeit zur Unterscheidung bedeutungsvoller Informationen von Umgebungsgeräuschen (Störgeräuschen). Auch als Störlärmunterdrückung bzw. Figur – Hintergrund-Unterscheidung bezeichnet.

Diagnose: Da das Hören im Störlärm eine der bekanntesten und zentralen Teilleistungen darstellt, sollte sie bei jeder Überprüfung der auditiven Verarbeitung und Wahrnehmung berücksichtigt werden. Es mag Menschen geben, die eine Überprüfung mit nicht technischen Hilfsmitteln für möglich halten. Jedoch muss eine solche Testung immer sehr unsicher und wenig aussagekräftig bleiben, da ohne technische Festlegungen und Voreinstellungen das Lautstärkeverhältnis zwischen Nutz- und Störschall nicht gleichbleibend bzw. bekannt ist. Daher plädiere ich ausdrücklich für eine Nutzung technischer Überprüfungsmittel. Man kann hier Test-CDs nutzen (s. Materialliste) oder gegebenenfalls auch Therapiesoftware wie Audiolog. Die Test-CD hat in der Regel eine voreingestellte Lautstärke bzw. eine feste Relation zwischen Nutz- und Störschall, während ein Programm wie Audiolog dem erfahrenen Nutzer eine Veränderung dieser Relation und eine Veränderung des Störschalls erlaubt. So stellt es durchaus einen Unterschied dar, ob ein Nutzschall vor einem sogenannten „weißen Rauschen" oder Schulhoflärm wahrgenommen werden soll. Ich habe in der Überprüfung Kinder erlebt, auf die das Rauschen nur einen kaum wahrnehmbaren negativen Einfluss hatte, die aber bei Einspielung von Kinderlärm signifikant weniger Items korrekt wiedergeben konnten. Es kann also in Einzelfällen Sinn machen, zugunsten einer Alltagsrelevanz die Verarbeitungs- und Wahrnehmungsfähigkeit bei unterschiedlichen Störlärmqualitäten zu testen.
Für den Test werden dem Kind z.B. die Items, die ihm bereits bei der Lautdifferenzierung präsentiert wurden (awe, ebu, adi, ...), noch einmal vorgespielt. Dabei wird jetzt zusätzlich ein gleichmäßiges Rauschen oder ein alternatives Störgeräusch eingespielt. Nimmt man dieselben Items, hat dies den Vorteil, dass man direkte Vergleiche zwischen den beiden Tests anstellen kann und sofort sieht, ob sich die Wiedergabeleistung bei Störlärm verschlechtert.

Alltagsrelevanz: In einem leeren Klassenraum – ohne Kinder – herrscht eine Lautstärke von etwa 30 bis 40 dB. Diese Lautstärke wird durch Geräte in der Klasse, z.B. Heizkörper, Deckenleuchten, etc. oder auch durch die Umgebung, also Straßen oder Nachbarklassen erzeugt. Kommen dann die Kinder hinzu, entsteht ein Grundgeräuschpegel von etwa 50 bis 60 dB – in einer leisen Klasse. Dieser kann sich auch während des Unterrichts mühelos auf 70 bis 80 dB und in extremen Unterrichtssituationen (Sport- oder Schwimmhalle) auf bis zu 110 dB steigern. Berufsverbände für Handwerksberufe (!) sehen eine Verpflichtung für das Tragen von Lärmschutzkopfhörern ab einem Dauerlärm von 65 dB vor!
Kinder und Lehrer sind im Unterricht auch in leisen Situationen einem steten Störlärm ausgesetzt. Die meisten Menschen haben keine Probleme damit und schalten mit ein

wenig Übung diejenigen Geräusche aus, die sie nicht benötigen oder interessieren und konzentrieren sich auf die Schallereignisse, die sie bewusst verfolgen möchten. Menschen, die dies nicht können, sind in unserer Gesellschaft großen Schwierigkeiten ausgesetzt. Das beginnt im Kindergarten, wo z.T. größere Lärmpegel in unstrukturierteren Situationen herrschen als in der Schule. Wer schon einmal in einem Kindergarten mit vier offenen Spielgruppen und einem ebenso offenen Treppenhaus, zu dem sich alle diese Spielgruppen hin ausrichteten, arbeiten musste, weiß, was die Ohren (und die Nerven) dort aushalten müssen. Kinder, die diesen Störlärm nicht ausschalten können, haben unter solchen Bedingungen oft nur die Möglichkeit, sich vollkommen von dieser Umgebung „abzuschneiden". Sie ziehen sich in sich zurück und nehmen an den Aktivitäten der anderen nicht mehr teil. In der Schule fallen sie als unaufmerksam, wenig interessiert oder oft abgelenkt auf. Sie gelten schnell als konzentrationsschwach und wenig begeisterungsfähig, als „nicht bei der Sache". Bei genauerer Beobachtung fällt manchmal auf, dass sich dieses Verhalten im Verlaufe eines Schulvormittags steigert. Zu Beginn nehmen die Kinder noch am Unterricht teil, driften dann aber Stunde für Stunde weiter ab, bis sie in der 5. und 6. Stunde nur noch körperlich anwesend erscheinen. Diese Veränderung ist oft auf eine auditive Ermüdung zurückzuführen. Es verlangt diesen Kindern unglaubliche Konzentration ab, dem Lehrervortrag oder anderen Geräuschquellen auditiv zu folgen und diese aus den sonstigen Geräuschen herauszufiltern. Irgendwann ist diese Konzentration erschöpft und die Kinder driften ab. Sie nehmen nicht mehr wahr, was im Unterricht vorgeht. Sie sind eingehüllt in einen Nebel aus Geräuschen, in dem alles gleich wichtig oder unwichtig erscheint und aus dem es keinen Ausweg gibt. Stellen Sie sich für einen Moment vor, Sie hätten einen langen Schulvormittag mit sechs Unterrichtsstunden hinter sich gebracht. Gleich im Anschluss fahren Sie zu einer Fortbildung, sitzen mit Kollegen in einem schlecht gelüfteten Raum und hören einem mäßig interessanten Vortragenden zu. Während des Vortrages, dem zu folgen Ihnen schon einige Aufmerksamkeit abverlangt, beginnt direkt vor dem Fenster jemand lang anhaltend den Rasen zu mähen. Die Stimme des Redners ist nur unwesentlich lauter als die des Rasenmähers. Nach einiger Zeit werden Sie unmerklich mit Ihren Gedanken abdriften. Sie werden feststellen, dass Sie den Faden verloren haben und dass es Sie große Anstrengung kostet, sich wieder in den Vortrag einzuklinken und ihm dauerhaft zu folgen. Dies ist ungefähr die Situation eines Schulkindes, das ein Problem damit hat, Stör- und Nutzschall voneinander zu trennen.

Komprimierte Sprache

→ Insgesamt handelt es sich bei komprimierter Sprache um Sprachsignale, die in ihrer Qualität eingeschränkt sind. Es gibt hierfür hauptsächlich zwei Aspekte, die in diesem Zusammenhang überprüft werden.

Hochtonverstehen

→ Fähigkeit, Sprache ohne tiefe Frequenzen zu verstehen.

Zeitkomprimierte Sprache

→ Analysefähigkeit bei erhöhter Sprechgeschwindigkeit (350 bis 600 Silben pro Minute).

Diagnose: Beide Teilleistungen lassen sich nur mit technischen Hilfsmitteln überprüfen. Zur Überprüfung des Hochtonverstehens werden dem Kind Wörter (einkaufen, ...) präsentiert, bei denen die tiefen Frequenzen aus der Sprache herausgefiltert wurden. Die Sprache klingt trotz gleichbleibender Lautstärke extrem leise.
Zur Überprüfung der zeitkomprimierten Sprache werden dem Kind meist Sätze vorgespielt (Lege deine Hand neben den Teller), die auf technischem Wege extrem beschleunigt wurden. Je nach Testsetting wird das Kind gebeten, die Sätze zu wiederholen bzw. sie nachzuspielen. Es ist unter bestimmten Bedingungen besser, die Sätze nachspielen zu lassen, da eine genaue Wiederholung eines Satzes wie „Nimm den Teddy in den einen Arm und die Puppe in den anderen Arm" andere Leistungen als nur die Verarbeitung und Wahrnehmung zeitkomprimierter Sprache verlangen würde. So wird ein Kind, das Probleme mit der auditiven Merkfähigkeit hat, Schwierigkeiten haben, diesen Satz korrekt wiederzugeben, selbst wenn es ihn zunächst richtig gehört hat.

Alltagsrelevanz: Sicher wird jeder zustimmen, dass wir im Alltag niemals auf Sprache stoßen werden, die im Sinne der beschriebenen Testanordnung verändert wurde. Jedoch werden wir immer wieder mit Sprachsignalen konfrontiert, die in ihrer Qualität eingeschränkt oder in ihrer Klarheit verändert wurden, sei es durch Dialekte, Verschleifen von Endsilben, Aussprachefehler, Überlagerungen durch andere Geräusche, etc. In jeder dieser Situationen muss der Hörer in der Lage sein, die Informationen, die ihm durch die eingeschränkte Qualität des Sprachsignals vorenthalten wurden, zu ergänzen. Die beiden beschriebenen Testverfahren überprüfen diese Fähigkeit des Kindes und können dazu beitragen, zu verstehen, weshalb ein Kind in bestimmten Situationen Schwierigkeiten mit der Verarbeitung bzw. Wahrnehmung auditiver Signale zeigt.
(Eine Anmerkung in Anlehnung an einen konkreten Fall aus der Praxis: Sollte bei einem Kind die gesamte AVWS-Diagnostik weitgehend unauffällig verlaufen und lediglich das Hochtonverstehen Ausfälle zeigen, kann es sinnvoll sein, das periphere Hören des Kindes

genauer zu untersuchen, da u.U. eine Hochtonschwerhörigkeit vorliegen könnte. Aus den vorherigen Ausführungen konnten Sie aber entnehmen, dass das periphere Hören eigentlich vor Einleitung der AVWS-Diagnose getestet worden sein sollte!)

Lautheitsempfinden

→ Fähigkeit, unterschiedliche Lautstärken zu unterscheiden, z.B. zwei unterschiedlich laute Töne (Lautunterscheidung), und die Empfindung dafür, ab welchem Lautstärkepegel ein Ton, ein Geräusch subjektiv als zu laut wahrgenommen wird (Unbehaglichkeitsschwelle).

Diagnose: Dem Kind werden über ein tongebendes Gerät – in der Regel ein Audiometer – Töne in definierter Lautstärke vorgespielt. Das Kind wird gebeten, anzuzeigen, ab welcher Lautstärke ihm die Töne Unbehagen bzw. Schmerzen bereiten. Für den Alltag reicht oft die Beobachtung eines Kindes in seiner Umgebung.

Alltagsrelevanz: David schaffte es nie, pünktlich zu Beginn der Sportstunde in der Turnhalle zu sein. Immer war er noch mit dem Umziehen beschäftigt, wenn alle anderen bereits umgezogen in der Mitte der Halle saßen. David war auch nicht langsamer als alle anderen, er konnte sich nur nicht umziehen, da er seine Hände dringend dafür benötigte, sich die Ohren zuzuhalten, während die anderen Jungen sich beim Umziehen fröhlich unterhielten. Der Lärm der anderen Kinder in der hallenden Umgebung der Umkleidekabine verursachte David nicht einfach nur Unbehagen, sondern wirkliche körperliche Schmerzen. Die gleiche Reaktion zeigte sich bei der Fahrt mit dem Schulbus oder während des Sportfests, bei dem sich zeitweise 150 Kinder in der Turnhalle aufhielten und sich gegenseitig anfeuerten. Neben den körperlichen Beschwerden, die für andere gut tolerierbarer Lärm bei solch betroffenen Kindern verursacht, darf man auch die sozialen Konsequenzen nicht unterschätzen. Kinder, die in solcher Form beeinträchtigt sind, werden sich allen Situationen entziehen, in denen sie befürchten müssen, mit eben diesem Lärm konfrontiert zu werden, also Sportvereine, Schwimmbäder, Konzerte, Großveranstaltungen aller Art, ...
Es dürfte deutlich werden, dass eine auditive Störung, je nachdem welche Teilleistungen betroffen sind, über ein rein auditives Problem weit hinaus geht und auf das soziale Leben der Betroffenen dramatischen Einfluss nehmen kann.

Richtungshören

→ Fähigkeit, eine Schallquelle zu lokalisieren.

Diagnose: Die Diagnose des Richtungshörens ist als außergewöhnlich schwierig und fragwürdig zu bezeichnen. Ein normal hörender und wahrnehmender Mensch kann die Richtungsverschiebung einer Schallquelle um 3 bis 5 Grad wahrnehmen. Bei möglichen 360 Grad, aus denen ein Schall auf Sie zukommen könnte, müsste man also bis zu 120 Lautsprecher um Sie herum aufbauen, um festzustellen, ob Ihr Richtungshören eingeschränkt ist. Da dies natürlich unmöglich ist, werden in der Regel 5 bis 6, maximal 12 Lautsprecher um ein Kind herum aufgebaut, wobei das Kind auf denjenigen Lautsprecher weisen soll, aus dem das Geräusch kommt. Es handelt sich hierbei also nur um eine sehr grobe Einschätzung.
Es gibt Praktiker, die eine Überprüfung des Richtungshörens durchführen, indem sie mit einem Papier leise um das Kind, das mit verbundenen Augen auf einem Stuhl sitzt, herumschleichen und gelegentlich mit dem Papier rascheln. Auch hier soll das Kind die Richtung anzeigen, aus der das Knistern kommt. Man sollte das Knistern etwa in Ohrenhöhe des Kindes erzeugen. Darüber hinaus sollte man bei dieser Diagnoseform beachten, dass es sich wiederum um eine sehr grobe Einschätzung handelt, die vielen subjektiven Einflüssen ausgesetzt ist.

Alltagsrelevanz: Sie werden eine Störung des Richtungshörens schnell auch im Alltag entdecken. Kinder mit diesem Problem blicken sich meist verwirrt und suchend um, wenn sie angesprochen werden. Oft wissen sie nicht, wo der aktuelle Sprecher steht. Lehrer, die häufig ihren Standort innerhalb der Klasse wechseln, können so große Unsicherheit bei betroffenen Kindern hervorrufen.
Man sollte auch die Gefährdung im alltäglichen Leben nicht unterschätzen, die eine Beeinträchtigung des Richtungshörens verursachen kann. Stellen Sie sich eine belebte Verkehrssituation vor. Sie stehen mit Ihrem Wagen an einer stark befahrenen Autokreuzung und hören eine Sirene. Wenn Sie nun nicht oder nur sehr schwer feststellen können, aus welcher Richtung das warnende Geräusch kommt, kann es schnell zu Fehlreaktionen oder gar Gefährdungen Ihrer eigenen Person oder fremder Personen kommen. Auch hier wird deutlich, dass eine Einschränkung der auditiven Fähigkeiten einen starken und nachhaltigen Eingriff in alltägliche Situationen vornehmen kann.

Mustererkennung

Zur Mustererkennung kann man im Wesentlichen zwei Aspekte zählen:

Rhythmuserkennung

→ Fähigkeit, Rhythmen zu erkennen (und zu imitieren / zu kennzeichnen).

Diagnose: Die sicherste Art, die Rhythmuserkennung zu überprüfen, ist, dem Kind Rhythmen vorzuspielen und es aufzufordern, den gehörten Rhythmus anhand von Zeichnungen zu zeigen (Punkte für kurze Töne; waagerechte Striche für lange Töne). Diese Form schließt aus, dass das Kind den Rhythmus zwar richtig wahrgenommen hat, ihn jedoch nicht richtig wiedergeben kann, was passieren kann, wenn Sie das Kind bitten, den Rhythmus nachzumachen.

Tonhöhenunterscheidung

→ Fähigkeit, zwei verschieden hohe Töne zu unterscheiden.

Diagnose: Die Diagnose der Tonhöhenunterscheidung kann ebenso ablaufen, wie die der Rhythmuserkennung. Sie spielen dem Kind auf einem tongebenden Instrument unterschiedlich hohe Töne vor, und das Kind zeigt auf vorgegebenen Zeichnungen (tiefer Ton = Punkt unten / hoher Ton = Punkt oben), welches Muster es gerade gehört hat. Bei beiden Überprüfungsformen ist es natürlich wichtig, vorher sicherzustellen, dass das Kind die Symbolik der Zeichnungen verstanden hat.

Alltagsrelevanz: Ein Sprichwort besagt: „Der Ton macht die Musik." Sprache besteht nicht nur aus dem Inhalt der Mitteilung, sondern auch aus den Beiklängen, mit denen der Inhalt transportiert wird. Die emotionale Wirkung, die Sprache erzeugt, wird durch die Sprachmelodie und den Sprachrhythmus getragen. Den Satz: „Warum hast du deine Hausaufgaben nicht gemacht?" kann der Lehrer als einfache Frage in neutralem Ton oder mit einem sehr bedrohlichen Unterton formulieren, bei dem dem Schüler klar wird, dass nun mit Konsequenzen zu rechnen ist. Im sozialen Kontext der Schüler untereinander kann die Frage: „Wo hast du dein Handy?" den Zweck haben, auf freundschaftlicher Basis Telefonnummern auszutauschen oder – weniger freundlich – das Handy gewaltsam zu entwenden. Der Gefragte wird aus Sprachmelodie und Sprachrhythmus (und natürlich aus Mimik und Gestik) das Ziel der Frage erkennen – wenn er die Wahrnehmung und Interpretation dieser Parameter denn beherrscht. Kinder, die diese Fähigkeit nicht beherrschen, sind steten Unsicherheiten ausgesetzt. Nie wissen sie, ob ihr Gegenüber ihnen freundlich oder feindlich gesonnen ist, ob sie sich vielleicht plötzlich verteidigen müssen. Oft sind sie im sozialen Verband auffällig, sie vermeiden soziale Kontakte oder reagieren unangemessen aggressiv. Dies ist ein typisches Beispiel dafür, dass eine ursprünglich auditive Beeinträchtigung gravierende Auswirkungen auf das gesamte Sozialleben der

Betroffenen haben kann. In diesem Sinne kann die Fähigkeit der Mustererkennung eine hohe Bedeutung gerade auch bei verhaltensauffälligen Schülern haben.

Auditive Aufmerksamkeit

→ Fähigkeit, sich auditiven Stimuli zuzuwenden und diese bewusst wahrzunehmen. Basisfunktion für die gesamte Verarbeitung und Wahrnehmung.

Diagnose: Sie können die Überprüfung dieser Teilleistung wiederum mit oder ohne technische Hilfsmittel durchführen. Die technisch unterstützte Variante sieht so aus, dass dem Kind eine Reihe von Zahlen (etwa 40) präsentiert wird und das Kind vorher gebeten wird, jeweils bei einer bestimmten Zahl (also z.B. immer bei der 1) ein Zeichen zu geben (z.B. Hand heben). Ohne technische Hilfsmittel können Sie dem Kind z.B. eine Geschichte vom Hund Lumpi vorlesen. Immer wenn das Wort „Lumpi" fällt, soll es einen Knochen (Löffel) vom Tisch schnappen (vgl. Praxisteil). Wenn Sie beide Varianten einmal miteinander vergleichen, wird Ihnen auffallen, dass die Ergebnisse der Überprüfung ohne technische Hilfsmittel i.d.R. besser ausfallen als diejenigen mit einer Test-CD. Das liegt daran, dass der spielerische Charakter der zweiten Variante eine höhere Aufmerksamkeit des Kindes mit sich bringt, da das Kind ja möglichst viele „Knochen" schnappen möchte. Somit ist es u.U. sinnvoller, die „langweiligere" Variante zu wählen, um herauszufinden, welche auditive Aufmerksamkeit das Kind in weniger spielerischen Situationen aufbringen kann.

Alltagsrelevanz: Die Bedeutung der auditiven Aufmerksamkeit für den Alltag dürfte sich jedem auf Anhieb erschließen. Ohne Aufmerksamkeit nützen alle anderen Fähigkeiten kaum etwas. Kinder, die auditiv schnell ermüden und Inhalte auf auditivem Wege nur unzureichend aufnehmen können, gelten schnell als insgesamt unaufmerksam, konzentrationsschwach. Oft wird die Verdachtsdiagnose „ADHS" oder „ADS" gestellt. Auch bei diesen Kindern – ähnlich wie beim Hören im Störlärm – kann gegebenenfalls beobachtet werden, dass die Auffälligkeiten im Verlaufe eines Schulvormittages zunehmen, da die Fähigkeit zur Aufmerksamkeit mit der Zeit nachlässt und das Kind ermüdet.
Wichtig zu beachten ist, dass die eingangs erwähnte ASHA auch die auditive Aufmerksamkeit nicht zu den auditiven Teilleistungen im engeren Sinne zählt, sondern sie den höheren kognitiven Fähigkeiten zurechnet. Im deutschsprachigen Raum jedoch gehört eine Überprüfung dieser Leistung weiterhin zum Standardrepertoire.

Phonologische Bewusstheit

→ Metalinguistische Fähigkeit, die bedeutungsunterscheidenden Funktionen von Sprachlauten zu erkennen.

Diesen Bereich kann man unterteilen in die:

Phonologische Bewusstheit im weiteren Sinne

→ Bewusstheit für größere Einheiten der Sprache (Reime erkennen, Silben segmentieren) sowie die

Phonologische Bewusstheit im engeren Sinne

→ Bewusstheit für einzelne Laute (Lautanalyse, Lautsynthese)

Man muss ganz klar festhalten, dass die phonologische Bewusstheit eine höhere kognitive Fähigkeit darstellt und nicht zu den auditiven Fähigkeiten im engeren Sinne gehört. Die meisten Fachvertreter sind sich jedoch darin einig, einen gewissen Bezug zwischen der phonologischen Bewusstheit und auditiven Fähigkeiten herzustellen, in dem Sinne, dass eine Förderung der phonologischen Bewusstheit die auditiven Fähigkeiten stärken und Defizite ausgleichen kann oder eine eingeschränkte auditive Fähigkeit auch die Entwicklung der phonologischen Bewusstheit beeinträchtigen und sich somit negativ auf den Lese-Schreiberwerb auswirken kann. In diesem Sinne stellt das Training der phonologischen Bewusstheit immer auch einen zentralen Baustein bei der Förderung von Kindern mit auditiven Problemen dar.

Diagnose: Es gibt einige sehr verbreitete Diagnose- und Therapieverfahren zur phonologischen Bewusstheit (z.B. Bielefelder Screening, Heidelberger Vorschulscreening, Hören – Lauschen – Lernen), sodass hier nur einige Teilleistungen benannt werden sollen, die bei einer Überprüfung der phonologischen Bewusstheit berücksichtigt werden können:
- Wörter in Silben zerlegen (Klatschen / Hüpfen)
- Reimwörter finden
- Anfangslaute herausfinden (welche Wörter klingen am Anfang gleich?)
- Klingen zwei Wörter gleich oder nicht (vergleiche Lautdifferenzierung)
- Synthesefähigkeit

Sie werden die Überschneidungen zur Überprüfung der auditiven Teilleistungen bemerken.

Damit wurden nun alle wesentlichen auditiven Teilleistungen vorgestellt und wir haben fast das Ende des Theorieteils erreicht. Ich hoffe, dass ausreichend deutlich geworden ist, welche weitreichenden Auswirkungen eine auditive Störung auf die schulischen Leistungen wie auch auf die (sozial-emotionale) Gesamtentwicklung eines Kindes haben kann. Abschließend erfolgt als Zusammenfassung/Ergänzung noch einmal eine kurze Übersicht über mögliche Konsequenzen einer AVWS:

 In diesem Kapitel wurde auch die Diagnostik relativ ausführlich beschrieben. Hierzu ist wichtig, Folgendes anzumerken: Es gibt auf dem Markt Testmaterialien, die auch dem Nicht-Fachmann ein relativ komplikationsloses Screening ermöglichen (s. Materialliste). Sie sind für einen ersten Eindruck sehr hilfreich und sicherer als eine reine Verhaltensbeobachtung. Für eine umfassende und endgültige Diagnose wird aber dringend die Überstellung des Kindes an einen Facharzt (HNO-Arzt; Pädaudiologe) empfohlen.

Ursachenforschung

Nachdem Sie nun wissen, wie das Hören bzw. die Hörverarbeitung im Wesentlichen abläuft und Sie auch die Teilaspekte dieser Vorgänge kennengelernt haben, drängt sich natürlich die Frage auf, wie eine Störung in diesem Bereich entsteht und ob sie zu verhindern ist. Diese Frage lässt sich ebenso schnell wie unbefriedigend beantworten: Mehr als Vermutungen hat die Wissenschaft zurzeit nicht zu bieten. Soviel ist sicher: Damit die auditive Verarbeitung und Wahrnehmung optimal ablaufen können, müssen die Nerven sowie die entsprechenden Hirnareale gut entwickelt sein. Dies geschieht u.a. durch entsprechende Anregungen im frühen Kindesalter. Wird diese Anregung beeinträchtigt oder verhindert, können sich die zuständigen Organe nicht angemessen entwickeln und die auditive Verarbeitung ist beeinträchtigt. Eine Beeinträchtigung des Hörens – z.B. durch dauerhafte und wiederkehrende Infekte/Mittelohrentzündungen hervorgerufen – kann eine solche Behinderung der Anregung sein. Darüber hinaus werden oft Hirnschädigungen, genetische Dispositionen, Unfälle, etc. als mögliche Ursachen angeführt. Allerdings dürfte im Einzelfall die Ursachenfindung oft schwierig verlaufen und letztendlich auch müßig sein, da die Folgen eben nicht so ohne Weiteres wieder rückgängig gemacht werden können.

Nachbarstörungen

Am Ende des theoretischen Teils sollen noch einige Störungen aufgeführt werden, die oft im Zusammenhang mit auditiven Beeinträchtigungen genannt werden. Insbesondere sind es:
- Lese-Rechtschreibstörungen
- Sprachstörungen
- ADHS / ADS

Diese Störungen wurden bereits erwähnt. Wir müssen hier zwischen solchen Störungen unterscheiden, die durch die AVWS verursacht werden und solchen, die parallel aber letztlich unabhängig von der AVWS bestehen. Hier gehen die fachlichen Meinungen auseinander.
Es gibt Fachvertreter, die (fast) jede **Lese-Rechtschreibstörung** auf eine AVWS zurückführen möchten. In jedem Fall sollte man bei Auffälligkeiten im Lese-Schreiberwerb auch eine auditive Beeinträchtigung in Erwägung ziehen und entsprechende diagnostische Schritte einleiten. Wie wir oben gesehen haben, können sich gewisse auditive Teilleistungsstörungen direkt auf die Lese-Schreibleistungen auswirken. Als Beispiele seien hier noch einmal die Lautunterscheidungsfähigkeit, die Synthesefähigkeit oder die Ergänzungsfähigkeit genannt.

Auch **sprachliche Beeinträchtigungen** können eine auditive Störung als Ursache haben. Wenn ein Kind nicht alle Laute korrekt wahrnehmen kann, kann es auch nicht lernen, diese angemessen zu produzieren, sodass gegebenenfalls Lautbildungsprobleme entstehen können. Das Gleiche gilt für Kinder, die durch entsprechende Teilleistungseinschränkungen (z.B. Hören im Störlärm) ganze Wörter oder Satzteile in einer ungünstig gestalteten Umgebung nicht korrekt wahrnehmen, sodass Probleme bei der Wortschatzbildung bzw. der grammatischen Entwicklung entstehen können. So kann in manchen, sicher aber nicht allen Fällen eine AVWS als Ursache einer Sprachstörung angenommen werden.
Anders sieht es mit einer Aufmerksamkeitsstörung im Sinne einer **ADHS oder ADS** aus. Es handelt sich hierbei um ein klinisches Störungsbild mit Symptomen, die den Erscheinungsbildern einer AVWS in manchen Fällen nicht unähnlich sind. Sie werden oft eine eingeschränkte Merkfähigkeit oder Aufmerksamkeit antreffen. Auch andere auditive Leistungen können im Rahmen einer Aufmerksamkeitsstörung beeinträchtigt sein und in einer entsprechenden Diagnostik auffällig werden. Dennoch muss man hier streng trennen, wieso diese Auffälligkeiten auftreten und ob tatsächlich eine AVWS vorliegt. Für diese Differenzialdiagnose benötigt man in jedem Fall einen erfahrenen Fachmann, der gegebenenfalls zunächst eine ADHS ausschließen oder entsprechend behandeln sollte. Die AVWS-Diagnostik ist insgesamt als so konzentrativ anspruchsvoll zu bezeichnen, dass ein Kind mit einer Aufmerksamkeitsstörung Auffälligkeiten dabei zeigen „muss". Somit kommt man hier schnell zu einer Fehldiagnose.
Man kann also festhalten, dass Kinder mit einer ADHS oder ADS Probleme in auditiven Teilleistungen zeigen können, die nicht auf tatsächliche auditive Störungen, sondern auf das Aufmerksamkeitsdefizit zurückführbar sind. Dennoch gibt es natürlich besonders betroffene Kinder, die beide Störungen in sich vereinen. Diese Kinder gehören in jedem Fall in die Hände eines besonders geschulten, mit beiden Störungsbildern vertrauten Fachmannes.

Und damit haben wir den Theorieteil nun wirklich geschafft. Dem interessierten Leser, dem diese Erklärungen nicht ausreichend erscheinen, sei die Literaturliste mit entsprechender Lektüre ans Herz gelegt. Hier finden Sie Bücher, die die Hintergründe auditiver Störungen wissenschaftlicher angehen und die anatomischen und hirnphysiologischen Aspekte stärker durchleuchten.

Die Praxis

Alex – ein Extrembeispiel

Am Beginn des Praxisteils steht ein Fallbeispiel aus der schulischen Praxis, das negativer nicht sein könnte. Es soll als Warnung dienen, damit deutlich wird, wie viel bei noch so engagierter Förderung fehlschlagen kann. Vielleicht kann es dazu verhelfen, die Fehler, die im vorliegenden Fall gemacht wurden, nicht zu wiederholen.

> *Alex wiederholt gerade die erste Klasse, ohne in angemessener Weise Lesen und Schreiben zu lernen. In den anderen Fächern sind seine Leistungen mindestens durchschnittlich. Im Deutschunterricht betätigt er sich gerne als Klassenclown. Immer öfter ist er in körperliche Auseinandersetzungen verwickelt. Als die Lehrerin ihm in einer Stillarbeitsphase helfend über die Schulter schaut, dreht Alex sich um und meint abwehrend: „Du brauchst gar nicht zu gucken – ist eh alles verkehrt."*

Dies ist im Wesentlichen die Situation, die sich im ersten Schuljahr kurz vor Ostern bietet. Alex hat das erste Schuljahr in der Grundschule durchlaufen, ohne Lesen und Schreiben gelernt zu haben, und wiederholt nun mit entsprechenden Problemen die erste Klasse. Er kann die Buchstaben anhand der Buchstabentabelle benennen, aber ihm fehlt jede Synthesefähigkeit. Bereits in der Grundschule wird er durch zunehmende Albernheiten und übersteigerte Aggressivität auffällig. Das Versagen im Lese-Schreibprozess beginnt sich auf andere Fächer zu übertragen. Erste Vermeidungsstrategien stellen sich ein. Ein AO-SF (Ausbildungsordnung sonderpädagogische Förderung) wird eingeleitet und ergibt einen sonderpädagogischen Förderbedarf im Sinne einer leichten Sprachstörung (Lautbildung, Grammatik) und einer AVWS, die zunächst nur im Rahmen eines eingeschränkten Screenings festgestellt wird. Er wechselt aufgrund des hohen Handlungsbedarfs einige Wochen nach Weihnachten in ein erstes Schuljahr der Förderschule Sprache. Hier zeigt sich ein überdurchschnittliches Vermeidungsverhalten mit einem klar formulierten Störungsbewusstsein (s.o.). Alex hat vollkommen verinnerlicht: „Lesen und Schreiben kann ich nicht."
Nachdem sich der Eindruck verstärkt, dass eine umfangreiche AVWS Ursache der Probleme sein könnte, wird eine schulinterne Diagnostik in Form eines umfangreicheren Screenings durchgeführt. Folgende Teilleistungen werden mit den angeführten Ergebnissen überprüft:

- Dichotisches Hören: Rechtes Ohr = 100% / Linkes Ohr = 0%
- Auditive Aufmerksamkeit: Aus 40 Zahlen wird die „1" 3 von 8 Mal erkannt
- Wortergänzungstest: 10 von 17 richtig, davon 3 mit Hilfe

- Zeitkomprimierte Sprache:
  - „Gähne einmal ganz laut": Beim 3. Mal erkannt
  - „Lege deine Hand neben den Teller": Beim 4. Mal erkannt
  - „Nimm den Teddy in den einen Arm und die Puppe in den anderen Arm": Beim 5. Mal erkannt
- Ein Tonaudiogramm ergibt aufgrund der mangelnden auditiven Konzentration/Lenkung auf das isolierte Schallereignis ein Ergebnis von bis zu 90 dB Hörverlust bei einem vollkommen intakten peripheren Hörvermögen.

Zusätzlich wurde mit der K-ABC (Kaufman Assessment Battery for Children) ein umfangreicher Entwicklungstest durchgeführt, mit folgenden Ergebnissen:

Stärken:
- Fertigkeiten
- Sprachliches Ausdrucksvermögen
- **Langzeitgedächtnis**
- Räumliche Fähigkeiten
- **Unterscheidung wesentlicher/unwesentlicher Details**
- **Visuelle Organisation bei geringer motorischer Aktivität**

Schwächen:
- Visuelles Kurzzeitgedächtnis
- Organisation der Wahrnehmung
- Wiedergabe einer Vorgabe
- Akustisches Kurzzeitgedächtnis
- Visuelle Wahrnehmung abstrakter Reize
- Visuelle Wahrnehmung bei motorischer Aktivität
- Lesefertigkeit

Deutlich signifikante Differenz zwischen
a) einzelheitlichem Denken (unterdurchschnittlich) und
b) ganzheitlichem Denken (mindestens durchschnittlich)

Es ergibt sich damit das folgende Bild von Alex:
- Ein Junge von 8 Jahren in der ersten Klasse einer Förderschule Sprache nach Versagen in der Grundschule
- Ein mindestens durchschnittlicher kognitiver Entwicklungsstand
- Massive Teilleistungsstörungen in ausgewählten Entwicklungsbereichen (s. Schwächen K-ABC)
- Umfangreiche auditive Teilleistungsstörungen
- Stark ausgeprägtes Störungsbewusstsein mit bereits ausgebildeten Vermeidungstendenzen

- Auffälligkeiten in der sozial-emotionalen Entwicklung, z.T. aufgrund von (später diagnostizierten) Problemen mit der Interpretation sprachlicher Signale

Folgende Maßnahmen werden eingeleitet:
Außerschulisch
- Überweisung zum HNO-Arzt zur vollständigen Abklärung aller Teilleistungen im Rahmen einer AVWS

Innerschulisch
- Stärkung des Selbstbewusstseins durch Einleitung sozialer Maßnahmen innerhalb des Klassenverbandes
- Teilnahme an einer schulinternen LRS-Fördergruppe unter Einbeziehung seiner Stärken und gezielte Förderung der eingeschränkten Teilleistungen (2 Std. pro Woche)
- Jugendamtsförderung (2 Std. pro Woche) mit LRS-Schwerpunkt
- Eine äußere Differenzierung wird nach den Sommerferien eingeleitet; Alex ist zu diesem Zeitpunkt im zweiten Schuljahr und nimmt am Deutschunterricht der Klasse 1 teil (täglich)

Diese intensive Förderung scheint im ersten Augenblick optimal und nur unter den besonderen Bedingungen einer hervorragend besetzten Förderschule möglich. Dennoch treten unerwartete Probleme auf, die z.T. im System und z.T. im Kind zu verankern sind und sich in ihrer Kombination als äußerst schwerwiegend herauskristallisieren.

Probleme:
1. **Klassenzuweisung:** Alex wird aus dem ersten Schuljahr der Grundschule (Wiederholung) ohne LR-Kenntnisse in ein erstes Schuljahr der Förderschule Sprache eingeschult. Die Kinder dieser Klasse besuchen die Schule ebenso lange wie Alex (der Stoff des ersten Schuljahres verteilt sich in der Förderschule Sprache auf eine vorgeschaltete Eingangsklasse und die erste Klasse) und verfügen alle über eine befriedigende Lese-Schreibkompetenz.
Konsequenz: Alex wird wieder mit seiner Außenseiterrolle konfrontiert, als Einziger nicht lesen und schreiben zu können.
2. **Teilnahme an einer schulinternen LRS-Fördergruppe:** Hier wird Alex zwar entsprechend seinem Lernstand gefördert und trifft auf Kinder, die ebenfalls Probleme in diesem Bereich haben, aber auch hier sieht er die besonderen Fortschritte der anderen und ihre Stärken.
Konsequenz: Sein Störungsbewusstsein wächst weiter. Er verinnerlicht, dass er eine besondere Förderung benötigt und andere Kinder schneller Fortschritte erzielen als er.

3. **Äußere Differenzierung:** Alex kann zum neuen Schuljahr in der Förderschule Sprache dem Deutschunterricht der Klasse 2 nicht folgen und nimmt daher am Unterricht der Klasse 1 teil.
   Konsequenz: Sein Störungsbewusstsein und seine mangelnde Motivation werden weiter verstärkt, da er nun „mit den Kleinen lernen muss".
4. **Jugendamtsförderung:** Die sehr kompetente und engagierte Kollegin des Jugendamtes arbeitet mit Alex 2 Stunden pro Woche in Einzelsitzungen. Hier macht Alex gute Fortschritte, die sich jedoch im Unterricht nicht widerspiegeln. Nach einigen Wochen stellen alle Beteiligten fest, dass in den Einzelstunden ein anderes Handzeichensystem verwendet wird, als in der Schule üblich ist.
   Konsequenz: Vollkommene Verwirrung bei Alex in der Verwendung der verschiedenen Systeme.

Der weitere Weg:
Nach Abschluss des zweiten Schuljahres (Alex hat zwischenzeitlich auf Bestreben der Klassenlehrerin an einer stationären Sprachheilmaßnahme mit dem Förderschwerpunkt im LRS-Bereich teilgenommen. Nach der mehrwöchigen Kur haben sich seine Lese-Schreibleistungen nur minimal verbessert.) wird Alex mit weiterhin sehr mangelhaften Lese- und Schreibkenntnissen in die dritte Klasse der Förderschule Sprache versetzt. Nun sind auch andere Fächer von diesen Problemen mit betroffen. Er ist jetzt neun Jahre alt und nimmt im Verlauf des dritten Schuljahres abermals an einer stationären Maßnahme teil, die auf mehrere Monate geplant ist. Nach kurzer Zeit wird er von dieser Einrichtung in eine kinderpsychiatrische Einrichtung überstellt, da er Selbstmordabsichten äußert. Nach Abschluss dieser Maßnahme wechselt er als schwer emotional-sozial beeinträchtigtes Kind mit mangelhaften Lese-Schreibfähigkeiten, die sich auf seinen gesamten Lernprozess ausgedehnt haben, an die Förderschule Lernen.

Analyse der Fehler – was hätte anders laufen müssen
Sicher handelt es sich bei Alex um einen sehr extremen Fallverlauf. Gerade wegen der ihm innewohnenden Dramatik ist der Fall aber geeignet, auf mögliche Fehlerquellen aufmerksam zu machen, um Kindern mit ähnlichem Förderbedarf Alex`s Schicksal zu ersparen. Schauen wir uns die gut gemeinten Fördermaßnahmen genauer an:

1. **Wiederholung der ersten Klasse:** Zwar sollte dies in der sich verändernden Schullandschaft im Rahmen einer dreijährigen Schuleingangsphase nicht mehr vorkommen, dennoch besteht natürlich die Option, Kinder die Klasse 1 wiederholen zu lassen.
Bei einer frühzeitigen Diagnose wäre diese Entscheidung für Alex allerdings nie getroffen worden, da bei einer umfangreichen Erfassung seiner Problematik deutlich geworden wäre, dass die Regelgrundschule seinem Förderbedarf mit ihren normalen Mitteln nicht entsprechen konnte. Alex hätte bei einer rechtzeitig eingeleiteten Überprüfung im optimalen Fall bereits nach einem halben Jahr, spätestens nach einem Jahr nach der Einschulung auf die Förderschule Sprache wechseln müssen.
2. **Einschulung in die erste Klasse der Förderschule Sprache:** Es ist verständlich, dass man versucht hat, Alex in einer Klasse zu beschulen, die seinem Alter entspricht. Jedoch wäre Alex in einer Eingangsklasse der Förderschule Sprache deutlich angemessener zu beschulen und zu fördern gewesen, da er hier gegenüber den anderen Kindern einen Lernfortschritt gehabt hätte und nicht – wie im ersten Schuljahr – einen Lernrückstand. Er hätte auch mehr Zeit sowie mehrschichtigere Lernangebote erhalten.
3. **Förderung in einer LRS-Lerngruppe:** Auch diese Maßnahme war gut gemeint, musste aber ihren Zweck verfehlen, da Alex durch sein überdurchschnittliches Störungsbewusstsein für Lernangebote mit Kindern, die auch nur z.T. bessere Lese-Schreibleistungen erbrachten als er selbst, nicht mehr aufgeschlossen war.
4. **Einzelförderung durch eine Mitarbeiterin des Jugendamtes:** Dies war wohl die beste Förderung, die Alex erhalten hat, da er hier ohne andere Kinder in Ruhe auf seinem Stand lernen konnte. Selbstverständlich musste es sich als kontraproduktiv erweisen, dass die Lernangebote der Einzelförderung mit denen der Schule nicht kompatibel waren (verschiedene Handzeichensysteme). Bei einer besseren und schnelleren Abstimmung hätte diese Förderung sicher langfristig zu nachweisbaren Erfolgen geführt.
5. **Auditives Training:** Vielleicht wundern Sie sich, dass bei Alex ausschließlich die Rede von einer Lese-Schreibförderung war, wo doch eine umfangreiche AVWS diagnostiziert worden war. Genau hier liegt ein zentrales Problem. Neben der LRS-Förderung hätte die Schule oder eine ambulante Therapiemaßnahme schnell und gezielt an den auditiven Leistungen kompensatorisch arbeiten müssen, um die Ursache aller Probleme in den Griff zu bekommen. Um es auf eine andere Ver-

gleichsebene zu bringen: Die beste Physiotherapie wird erfolglos bleiben, solange der Arm noch gebrochen ist.
6. **Verhaltenstraining:** Wie o.a. wurde bei Alex im späteren Verlauf ebenso eine Einschränkung, sprachliche Signale sinngemäß zu interpretieren, festgestellt. Diese Teilleistungsstörung bewirkte, dass er sich in vielen Situationen zu Unrecht angegriffen sah. Alex war ein Junge, der nie wusste, ob Mitschüler ihn gerade zu einem Fußballspiel baten oder ihm Prügel androhten. Er fühlte sich dadurch in sozialen Kontexten vollkommen verunsichert, und da er groß und kräftig war, wählte er die für ihn nächstliegende Lösung – er schlug als Erster zu. Dies führte zu zunehmender Ablehnung durch Mitschüler und zu intensiven Sanktionen durch Lehrer, die für ihn vollkommen unverständlich blieben, da er sich in der Regel in der Notwendigkeit der Verteidigung sah. Es wäre also dringend erforderlich gewesen, Alex im Rahmen eines Sozial- bzw. Verhaltenstrainings in der Interpretation sprachlicher und nichtsprachlicher Signale zu schulen, um ihm soziale Sicherheit zu vermitteln.

Insgesamt kann man also festhalten, dass bei Alex mit überdurchschnittlichem Engagement viel Zeit darauf verwendet wurde, Folgestörungen zu therapieren. Die dem Problem zugrunde liegende Störung – nämlich die umfangreiche AVWS – wurde jedoch sträflich vernachlässigt, sodass die eingeleiteten Maßnahmen letztlich ins Leere liefen und ohne Erfolg blieben. Das Resultat war ein Kind, das mit einem völligen Versagen im schulischen und sozial-emotionalen Bereich eine Schule besuchte, die für ihn aufgrund seiner eigentlichen Lernmöglichkeiten (durchschnittliche kognitive Entwicklung) nicht angemessen war.

Schauen wir uns nach diesem etwas deprimierenden Ausflug in die Praxis im Folgenden an, wie Kinder mit einer AVWS in der Schule optimal gefördert werden können, welche organisatorischen, räumlichen und methodischen Bedingungen sie für eine angemessene Förderung benötigen.

Die schulische Förderung von Kindern mit AVWS

An den Anfang möchte ich gerne eine Übersicht stellen, um zu zeigen, welche Bereiche insgesamt zu berücksichtigen sind.

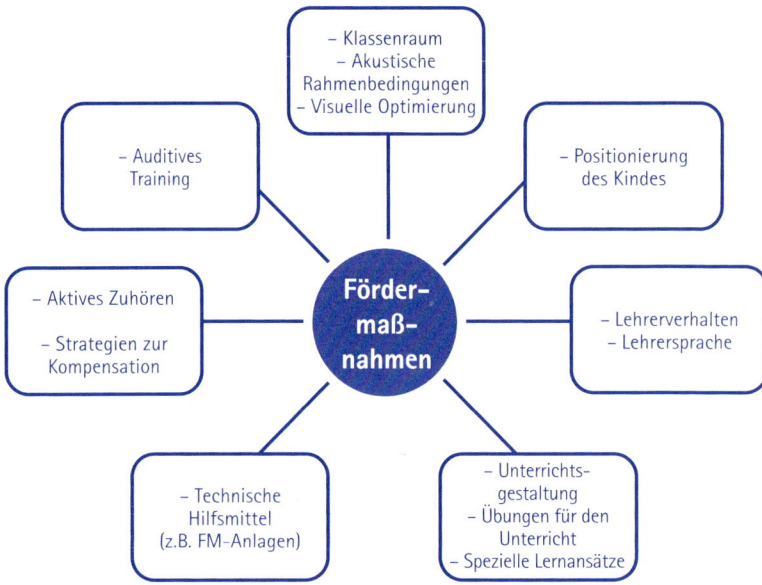

Insgesamt kann man sagen, dass es unter den Fördermaßnahmen passive und aktive Maßnahmen gibt, also solche, bei denen für das Kind etwas arrangiert wird und andere, bei denen das Kind aktiv wird. Grundsätzlich vertrete ich den Standpunkt, dass mit zunehmendem Alter die aktiven Maßnahmen zunehmen, während es bei jüngeren Kindern deutlich in der Verantwortung der Schule liegt, dem Kind solche Bedingungen zu schaffen, unter denen es mit seiner Störung angemessen arbeiten und lernen kann. Dennoch gibt es natürlich auch Maßnahmen, wie ein auditives Training, bei dem das Kind durch Anleitung lernen soll, seine Teilleistungsstörungen aktiv zu kompensieren. Während wir also einerseits die Einteilung in passive und aktive Maßnahmen vornehmen können, sind andererseits unterschiedliche Personenkreise für die Förderung der betroffenen Kinder zuständig. Nicht alles kann in der Verantwortung der Schule liegen. Verschiedene Fördermaßnahmen sollten in die Hände eines erfahrenen Sprachtherapeuten oder Logopäden gegeben werden. Auch das Elternhaus muss seinen Teil der Unterstützung leisten, damit das Kind optimale Hilfen erhält. Es gilt also, ein Fördernetz zu schaffen, in dem alle Hilfen sinnvoll ineinandergreifen und aufeinander abgestimmt sind.

In diesem Ratgeber soll es schwerpunktmäßig um die Verantwortung der Schule gehen. Schauen wir uns also genauer an, für welche Bereiche die Schule die Verantwortung übernehmen muss.

Der Klassenraum

Aus den Beschreibungen der Teilleistungsstörungen wissen wir, dass eine zentrale Leistung das Hören im Störlärm ist. Wenn Kinder in diesem Bereich Probleme aufweisen, dann ist es für sie in besonderem Maße schwer, dem Unterricht zu folgen und die vermittelten Inhalte angemessen aufzunehmen. Unser erstes Ziel bei der Gestaltung einer optimalen Lernumgebung muss also heißen:

Optimierung der akustischen Rahmenbedingungen

Wir müssen uns also zunächst Gedanken darüber machen, wie unser Klassenraum zu gestalten ist, damit ein Kind mit einer AVWS darin trotz seiner Beeinträchtigung gut lernen kann. Die hierfür erforderlichen Maßnahmen kann man in 2 Gruppen einteilen:
1. Reduzierung von Lärm
2. Reduzierung von Hall

Wenn wir uns eine normale Klasse in einer durchschnittlichen Schule anschauen, dann finden wir meist große, hohe Räume, Linoleumboden, große Fenster, glatte Wände und Decken, schmale Gardinen oder auch gar keine Gardinen sowie Mobiliar mit Füßen aus Metall oder Holz. Alles ist funktional, stabil und darauf ausgerichtet, lange dem Temperament von Kindern standhalten zu können und leicht zu reinigen zu sein.

Das Problem dabei für Kinder mit einer AVWS ist, dass durch diese Ausstattung Lärm entsteht und sich optimal ausbreiten und vervielfältigen kann. Kinder bewegen die Stühle über den **Boden**, kippeln damit, verrutschen die Tische, lassen Stifte auf den Boden fallen. Jede dieser Handlungen verursacht Lärm. Dieser Lärm erzeugt Schallwellen, die sich durch den Raum bewegen und auf die Wände und Fenster treffen. Von diesen glatten Wänden und Scheiben werden die Schallwellen wie bei einem Echo in den Raum zurückgeworfen und erzeugen einen Hall, der wiederum das Hören erschwert. Unser Ziel muss es also sein, sowohl die Möglichkeit Lärm zu produzieren als auch die Möglichkeit, dass dieser Lärm Hall nach sich zieht, einzuschränken. Die optimale Lösung für diese Ziele heißt: **TEPPICHBODEN**.

Ich kann bereits jetzt Ihren Hausmeister oder Schulleiter protestieren hören: „Das ist gegen die Brandschutzvorschriften" oder „Wie soll denn so etwas gereinigt werden?" Ich kann Ihnen dazu nur sagen, dass es ausreichend Schulen gibt, die Teppichboden in allen Klassenräumen verlegt und damit die allerbesten Erfahrungen gemacht haben. Es gibt schwer brennbares Material, das durchaus mit den Feuervorschriften zu vereinbaren ist. Von Förderschulen über Grundschulen bis hin zu Gymnasien konnten die Kollegen erfahren, welche Erleichterung es für Schüler und Lehrer ist, in einem Raum mit Teppichboden zu arbeiten. Der Lärmpegel reduziert sich drastisch, die Kinder werden ruhiger und das Sprechen ist für die Kollegen einfacher. Für Kinder mit AVWS gibt es kaum eine Maßnahme, die so nachhaltig wirkt, wie ein mit Teppichboden ausgelegter Klassenraum. Das Mobiliar erzeugt kaum noch Geräusche auf dem Fußboden, Gegenstände können auf den Boden fallen, ohne zu stören und der Hallpegel reduziert sich nachhaltig. Damit wäre der untere Teil der Klasse hervorragend ausgestattet.

Kommen wir zu den üblichen vier **Wänden**. Diese verursachen den meisten Hall. Wir müssen also überlegen, wie ihre glatte, gut reflektierende Oberfläche durchbrochen werden kann. Im optimalen Fall können die Wände mit professionellen schallisolierenden Elementen ausgerüstet werden. Für Kinder mit offiziell festgestelltem Förderbedarf im Bereich Hören und Kommunikation zahlt dies oft der Schulträger. Aber es gibt auch nicht ganz so effektive, dafür preiswertere Möglichkeiten.

Hier lautet das Schlagwort: **KORK**. Kork hat hervorragende schallschluckende Eigenschaften, ist nicht besonders teuer und nebenbei auch noch ungemein praktisch, da Korkwände gleichzeitig die Möglichkeit bieten, Bilder o.Ä. aufzuhängen. Bedecken Sie also die kahlen und glatten Wände Ihrer Klasse mit großen Korkplatten und Sie werden feststellen, wie positiv sich diese auf das Klassenklima auswirken werden.

Und nun zuletzt zur **Decke**. Die Empfehlung heißt hier: **TÜCHER**.
Sie können natürlich viel Geld für akustische Decken ausgeben, die einen hervorragenden Effekt haben, Sie können aber auch einfach – etwas weniger effektiv – durch eine Art Baldachin die Deckenhöhe verringern und durch das Stoffmaterial wiederum den Hall

reduzieren. Aus hygienischen Gründen sollten die Tücher gelegentlich gewaschen werden. Sollte nun noch etwas Geld übrig sein, dürfen Sie es gerne für Gardinen ausgeben, soweit Sie noch keine haben sollten. Je mehr Stoff es in der Klasse gibt, desto geringer ist der Hallpegel.

Im Weiteren möchte ich Ihnen noch zwei Ausstattungsgegenstände ans Herz legen, die bei entsprechend methodischer Einführung eine große Hilfe bei der Reduzierung/ Bewältigung von Lärm sind: Da ist zum einen **DIE GERÄUSCHAMPEL**. Sie führt den Kindern visuell reizvoll vor Augen, wann sie zu laut sind und wann die Geräuschkulisse akzeptabel ist. Nach einer kurzen Phase der Eingewöhnung werden die Kinder in entsprechenden Arbeitsphasen diese hilfreiche Kontrolle einfordern und sich mit etwas Anreiz auch daran halten. Diese Ampeln sind ab etwa 80 EUR im Internet erhältlich und sollten in jeder Klasse stehen. Und zum anderen: **LÄRMSCHUTZKOPFHÖRER**. Schaffen Sie sich ruhig eine ganze Sammlung davon an. Im optimalen Fall können Sie einen Bauunternehmer oder einen Baumarkt von einer kleinen „Spende" überzeugen, im schlechtesten Fall kosten Sie die Kopfhörer etwa 13 EUR pro Stück. Kinder sollten sie offen zugängig im Klassenraum erreichen und bei freien Unterrichtsphasen darauf zurückgreifen können. Führen Sie aber die Regel ein, dass mit den Kopfhörern nicht gesprochen werden darf, da die Sprechlautstärke sonst deutlich ansteigen wird. Die Kopfhörer helfen lärmempfindlichen Kindern enorm und stellen für andere, gelegentlich vielleicht etwas unmotivierte Kinder eine Lernunterstützung dar. Sehr empfehlenswert!!!

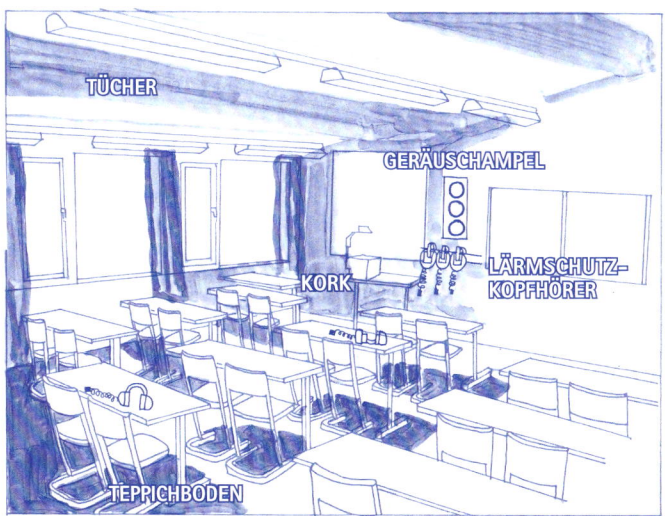

Abschließend noch ein Wort zu technischen Hilfsmitteln: Es gibt sogenannte **„FM-Anlagen",** die die Übertragung des Nutzschalls zum Kind optimieren. Dabei trägt der

Lehrer ein Mikrofon und der Schüler ein Hörgerät. Für sehr massiv beeinträchtigte Kinder ist dies eine wundervolle Möglichkeit, die allerdings i.d.R. an der Krankenkasse scheitert. Haben Sie jedoch den Eindruck, dass alle anderen kompensatorischen und therapeutischen Maßnahmen nicht greifen, sollten Sie durchaus mit dem Facharzt über die Möglichkeit einer solchen Anlage sprechen.

Damit ist unsere optimale AVWS-Klasse fertig. Wir können die Kinder einziehen lassen und müssen uns jetzt Gedanken machen, wo und wie wir sie unterbringen.

Wohin mit dem Kind?

Haben Sie nun Ihren Klassenraum optimal gestaltet, um für betroffene Kinder eine angemessene Lernumgebung zu schaffen, gilt es, das individuell betroffene Kind so zu platzieren, dass es innerhalb des Raumes dem Unterricht und Ihren Ausführungen gut folgen kann.
Zunächst einige allgemeine Hinweise, die für alle betroffenen Kinder gelten: Unabhängig von den beeinträchtigten Teilleistungen ist zu beachten, dass, je weiter ein Kind von der Schallquelle entfernt sitzt, die Übertragung der Mitteilung immer schwieriger wird. Mit einem weiteren Weg ist eine längere Zeit verbunden, in der minimale Störungen die Qualität mindern können. Die Lautstärke der Übertragung nimmt ab und Störgeräusche mischen sich hinzu. Je größer der Abstand zwischen Sprecher und Hörer, desto geringer ist darüber hinaus die Chance, visuelle Hilfen zu nutzen. Deshalb sollte man darauf achten, dass aus visuellen wie auch aus akustischen Gründen der Weg des Schalls so direkt wie möglich erfolgen kann, also nicht zu sehr von der Seite. Daraus folgt:

1. Die Entfernung zwischen Sprecher und Hörer sollte maximal zwei Meter betragen.
2. Der Hörer sollte in einem Winkel von maximal 45° zum Sprecher/zur Tafel sitzen.

Zu diesen Ratschlägen gibt es einige Ausnahmen, die durch die individuellen Teilleistungsstörungen bedingt sind.
Eine typische Ausnahme ist dann zu berücksichtigen, wenn ein Kind ein deutlich **dominantes Ohr** aufweist. Haben Sie durch die Diagnostik (Dichotisches Hören, Lautdifferenzierung, …) herausgefunden, dass ein Ohr dominanter ist als das andere, so gelten besondere Anforderungen. Betrachten wir z.B. Sven, der ein dominantes rechtes Ohr hat. Er kann mit dem rechten Ohr akustische Informationen besser verarbeiten als mit dem linken Ohr. Sven sollte deshalb schräg vor Ihnen auf Ihrer linken Seite sitzen, sodass er Ihnen sein rechtes Ohr zuwendet, mit dem er Ihren Nutzschall optimal verarbeiten und wahrnehmen kann. Allerdings sollten Sie nicht sklavisch an solchen Ratschlägen festhalten, sondern mit dem Kind gemeinsam den besten Sitzplatz austesten. Im Beispiel

von Sven bedeutete dies, dass er nach zwei Wochen auf diesem „optimalen" Sitzplatz zur Klassenlehrerin ging und ihr mitteilte, dass er sie von dort aus nicht verstehen könne. Er wechselte auf einen eigentlich „verbotenen" Platz in der Mitte der ersten Reihe (mittige Plätze bergen das Risiko, durch beidseitigen Störlärm beeinträchtigt zu werden). Von dort aus hatte er einen direkten Blick auf das Mundbild der Lehrerin und konnte deutlich besser ihren Ausführungen folgen. Es gilt also auch der Ratschlag:

Fragen Sie das Kind, ob ihm die wissenschaftliche Theorie der Sitzplatzwahl gefällt!!!

Nach der akustischen nun noch ein Hinweis zur **optischen Optimierung**: Kinder mit auditiven Problemen sind oft besonders auf visuelle Unterstützung angewiesen, d.h., sie müssen ohne optische Beeinträchtigung das Gesicht/Mundbild des Lehrers sowie die Tafel sehen können. Dieser Blick wird eingeschränkt, wenn Kinder gegen das Licht sehen müssen oder wenn sich optische Eindrücke spiegeln. Achten Sie also darauf, dass Sie nicht mit dem Rücken zum Licht stehen und dass sich aus Sicht des Kindes das Licht nicht auf der Tafel oder wichtigem Bildmaterial spiegelt.
Und ein Ratschlag an Sie: Der beste Sitzplatz nützt Sven und allen anderen Kindern mit AVWS nichts, wenn Sie wie der Tiger im Käfig beständig auf und ab „tigern". Sie sollten sich also einen halbwegs **festen Standort** suchen, sobald Sie eine längere Rede, Erklärung, etc. beginnen.

Nachdem Sie nun dafür gesorgt haben, dass Ihr Nutzschall den direkten Weg zum Ohr des Kindes findet, sollten Sie nun noch darauf achten, dass möglichst wenige äußere Störungen vorkommen. So sollte man Kinder mit auditiven Störungen möglichst **nicht neben besonders unruhige Mitschüler** setzen. Diese Versuchung besteht manchmal, wenn ein Kind im Unterricht ruhig und ausgleichend erscheint (ich habe in Schulen schon Kinder mit einer AVWS zwischen einem Kind mit einer Hyperaktivität auf der einen und einem Kind mit sozial-emotionalem Förderbedarf auf der anderen Seite vorgefunden, weil es einen so schönen Herd der Ruhe zwischen beiden schaffte).
Auch sollte man die Nähe zu **geräuschintensiven Geräten** vermeiden. So erzeugen Overheadprojektoren, Beamer oder Diaprojektoren aber auch Heizungen kontinuierliche Geräusche, die die auditive Verarbeitung und Wahrnehmung stark beeinträchtigen können. Achten Sie auch auf Deckenleuchten. Viele Neonröhren produzieren ein unangenehmes dauerhaftes Summen, bevor sie endgültig kaputtgehen. Beenden Sie es nach Möglichkeit rechtzeitig, bevor es den Lernprozess der Kinder beeinträchtigen kann. Notfalls muss man aber auch einfach mal die Fenster schließen, sollte der Störlärm einmal von außen kommen (Sportplatz, Straße).
Nachdem nun das Kind seinen perfekten Platz gefunden hat – in direkter Linie Ihres Nutzschalls und weit weg von allem Störschall – wenden wir uns der Frage zu:

Was kann der Lehrer tun?

Wir können die Anforderungen an den Lehrer in mehrere Bereiche einteilen:

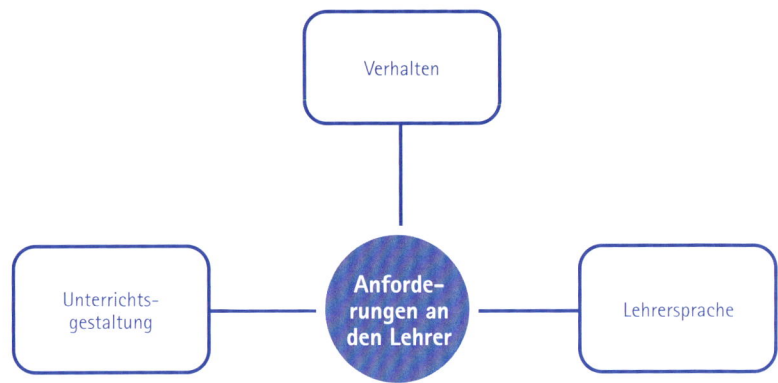

Widmen wir uns zunächst dem Lehrerverhalten.

Das Lehrerverhalten

Zwei Ratschläge fanden sich schon im vorangegangenen Kapitel. Sie bemühen sich bereits, Sven Ihr **Mundbild** einsehbar zu machen und suchen sich für längere Erklärungen und Vorträge einen **festen Platz** in der Klasse. Hierfür ein Beispiel: Da das Mobiliar, das in Grundschulen Lehrern zur Verfügung steht, wenig bequem ist, habe ich mir, um meinem Rücken etwas Gutes zu tun, für meine Klasse einen höhenverstellbaren lehnenlosen Hocker aus dem Programm „bewegtes Sitzen" zugelegt. Er kann in eine Höhe gestellt werden, die fast an eine stehende Position herankommt. In der niedrigsten Position kann man darauf gut neben Kindern am Tisch Platz nehmen, um auf „Augenhöhe" zu kommen. Auf diesem Hocker „sitzstehe" ich grundsätzlich an einer zentral-mittigen Stelle vorne in der Klasse, wenn ich eine längere Erläuterung oder ein lehrergelenktes Klassengespräch beginne, sodass alle Kinder eine optimale Sicht haben.
Es hilft allen Kindern, sei es nur als Ritual, wenn Sie sich für bestimmte Tätigkeiten auch solche festen Orte suchen. Kinder mit auditiven Störungen können z.T. geradezu abhängig von solchen Ritualen sein.
Wenn Sie Ihren optimalen Standort gefunden haben, müssen Sie aber auch darauf achten, ihn optimal zu nutzen. Stellen Sie sicher, dass die Kinder beständig Ihr **Gesicht** und Ihren **Mund sehen** können. Wie viele Lehrer lesen z.B. eine Geschichte vor und neigen ihr Gesicht dabei nach unten zum Buch hin?! Dem Kind mit AVWS nehmen Sie damit zwei wichtige Interpretationsmöglichkeiten. Zum einen kann es Ihren Mund nicht mehr sehen und verliert somit eine wichtige Quelle zur Entschlüsselung dessen, was Sie sagen. Zum anderen muss es auf Ihre Mimik verzichten, die ihm zusätzliche Informationen

über die Stimmung der Aussage geben würde (dafür müssen Sie natürlich Ihr Vorlesen auch mit Mimik begleiten!!!). Das Gleiche gilt für den Lehrer an der Tafel, der mit dem Rücken zur Klasse die Hausaufgabe anschreibt und gleichzeitig erklärt Das Kind mit AVWS wird u.U. nichts von der Erklärung mitbekommen. Achten Sie also darauf, dass betroffene Kinder beständig Ihr Gesicht verfolgen können.

Dieses Verhalten hat darüber hinaus für Sie selbst den Vorteil, dass Sie immer wieder Blickkontakt aufnehmen können, um die Aufmerksamkeit der Kinder sichern zu können. Nur wenn sich alle Kinder direkt angesprochen fühlen, werden sie Ihrem Unterricht folgen und die Inhalte als für sich bedeutsam aufnehmen und verarbeiten. Je jünger die Kinder sind, desto mehr gilt diese Regel.

Nachdem Sie nun sichergestellt haben, dass Sven, Jan und alle anderen Ihre mündlichen Ausführungen verfolgen können, müssen Sie aber trotzdem damit rechnen, dass die Kinder aufgrund ihrer spezifischen Teilleistungsstörungen doch einige Feinheiten nicht verstehen oder dass es zu Verwechselungen oder Missverständnissen kommt. Daher ist es wichtig, dass Sie viele Inhalte nach Möglichkeit visualisieren. So halte ich es für einen der wichtigsten Aspekte des frühen Schriftsprachunterrichts, dass die Buchstaben mit der Unterstützung von Handzeichen eingeführt werden. Hierfür gibt es zahllose Anregungen in vielen Lehrgängen und manche Schule erarbeitet ein eigenes System nach spezifischen Kriterien. In jedem Fall hilft es gerade Kindern mit Wahrnehmungsproblemen, die Laute kennenzulernen, Laute in Wörtern zu identifizieren und zu lokalisieren, sie abzuspeichern oder Reihenfolgen zu erkennen, wenn Wörter mit Handzeichen visualisiert werden. Darüber hinaus kann man seinen Unterricht in wichtigen Phasen durch Zeichnungen an der Tafel oder – bei mangelnder zeichnerischer Begabung – durch große, gedruckte Plakate visuell erweitern. Auch sogenannte „stumme Impulse" oder eine ausgeprägte Mimik und Gestik helfen Kindern, die auditiv nicht alle Informationen aufnehmen können, beim Verständnis und der Verarbeitung. So ist es wichtig, dass Sie, wenn Sie ärgerlich sind, dies nicht nur in Worte packen, sondern auch wirklich verärgert gucken. Umgekehrt sollten Sie natürlich auch Freude und Zustimmung mimisch zeigen, sodass die Kinder jederzeit darüber unterrichtet sind, ob sie sich erwartungsgemäß oder regelwidrig verhalten. Unter-

stützen Sie Ihre Aussagen darüber hinaus durch eine ausgefeilte Gestik. So begleite ich die Aussage „wir haben jetzt Sport" mit einer Armbewegung in Richtung des Schrankes, in dem sich das Sportzeug befindet. Bei der Aufforderung „hole bitte deine Stiftebox" deute ich auf das Regal, auf dem diese Boxen stehen, und wenn mich ein Kind in einer laufenden Unterhaltung stört, halte ich ihm meine Handfläche entgegen, sodass ein deutliches gestisches Signal ausgesendet wird. Bitte ich dagegen ein Kind zu mir, unterstreiche ich das durch eine einladend winkende Handbewegung. Manche Kollegen, die dies beobachten, äußern sich zunächst irritiert, bemerken aber schnell, dass die Kinder hervorragend darauf reagieren und manches Missverständnis dadurch vermieden wird. Dadurch gewinnt das Kind wiederum an Sicherheit.

Beachten Sie abschließend spezifische Teilleistungsstörungen einzelner Schüler. Wenn ein Kind (z.B. nach K-ABC) Wahrnehmungsschwächen bei motorischer Aktivität aufweist (vgl. Alex), macht es wenig Sinn, dieses Kind die Buchstaben immer wieder fühlen, in Sand schreiben oder legen zu lassen. Diagnostizieren Sie also, soweit dies möglich ist, die Stärken und Schwächen betroffener Kinder und versuchen Sie, Ihre Lernangebote insbesondere auf die Stärken der Kinder abzustimmen. Wenn Sie zu einer solch umfangreichen Diagnostik selbst keine Möglichkeit haben (große Entwicklungstests wie K-ABC oder IDS sind sehr kostspielig und zeitaufwendig), bitten Sie Institutionen um Hilfe, die diese Möglichkeiten haben (Schulpsychologischer Dienst, Sozialpädiatrische Zentren, Kinderpsychologen ...).

Wenden wir uns nun noch einem sehr kritischen Aspekt des Lehrerverhaltens zu, der Lehrersprache.

Die Lehrersprache

Sprache hat immer auch etwas mit Identität zu tun. Sprache und Sprechen sind Aspekte unserer sehr individuellen Persönlichkeit, die durch Familie, Herkunft, geografische Region, Erziehung aber auch Emotionen und Stimmungen geprägt sind. Daher ist es hier besonders heikel, Ratschläge für Änderungen zu geben. Andererseits kann der Lehrer mit seiner Sprache und seiner Stimme auch viel „Unheil" anrichten, das die Qualität des Unterrichts mindert. Insofern verlangt es die professionelle Verantwortung gegenüber den Schülern, sich intensiv damit auseinanderzusetzen.

Machen wir uns zunächst die Bedeutung der Sprache im Unterricht klar. Schüler müssen sich zu 60% des Unterrichts mit Zuhören beschäftigen, wobei sich dies sowohl auf das Verfolgen von Lehrervorträgen wie auch von Schülerbeiträgen bezieht. Die Qualität des Gehörten kann daher in ihrer Bedeutung gar nicht hoch genug eingeschätzt werden. Halten wir uns noch ein anderes Ergebnis der Unterrichtsforschung vor Augen: Schüler, die von stimmgestörten Lehrern (heiser) unterrichtet werden, nehmen signifikant weniger Unterrichtsstoff auf als solche Schüler, die stimmgesunden Lehrkräften zuhören. Diese Untersuchung wurde mit dem leistungsstärksten Drittel einer Lerngruppe durchgeführt, man kann sich also ungefähr ausrechnen, wie sehr Kinder, die Wahrnehmungsprobleme haben oder durch andere Beeinträchtigungen in ihrer Lernleistung gemindert sind, unter einem qualitativ eingeschränkten Lehrervortrag leiden. Wir müssen also für alle Kinder, besonders aber für Schüler mit AVWS auf einen störungsfreien und möglichst optimalen Lehrervortrag achten. Was ist dafür wichtig?

Es hat sich gezeigt, dass ein leicht **verlangsamtes Sprechtempo** zusammen mit einer **minimal erhöhten Lautstärke** zu einer insgesamt verbesserten Verständlichkeit führt. Dies bedeutet nun nicht, dass Ihre Sprache langsam und laut sein sollte, sondern lediglich, dass Sie versuchen, Ihren „Sprechmarathon" für die Schüler etwas mehr durchzustrukturieren. Erfahrungsgemäß sprechen Lehrer auch für nicht beeinträchtigte Kinder oft zu schnell. Wir haben viel zu sagen und dazu in der Regel zu wenig Zeit, die wir optimal mit der maximalen Menge an Inhalt füllen wollen. Bemühen Sie sich also einfach nur, Ihre Sprechbeiträge ruhig vorzutragen, Pausen an den inhaltlich richtigen Stellen zu machen, regelmäßig zu atmen und nicht zu hetzen. Und wenn Sie von AVWS betroffene Kinder in die erste Reihe setzen und gleichzeitig so sprechen, dass die Kinder in der letzten Reihe Sie auch noch verstehen, dann dürfen Sie davon ausgehen, dass Ihre Lautstärke angemessen ist.

Versuchen Sie außerdem, Ihre Beiträge durch eine gute und lebhafte **Sprechmelodie** deutlicher zu machen. Betonen Sie zentrale Wörter, die eine besondere Bedeutung haben. Wenn Sie den Kindern mitteilen, dass gleich Sport ist, Sie aber vorher die Hausaufgaben sehen möchten, macht es Sinn, die Wörter „gleich" und „vorher" in besonderer Weise zu betonen, weil sie die Reihenfolge der nun angestrebten Handlungen kenntlich machen und eine Missachtung dieser Reihenfolge zu unangenehmen Missverständnissen führen wird. Bei dem Satz „Wir haben gleich Sport, aber vorher möchte ich noch eure Hausaufgaben sehen" kann es sinnvoll sein, nach den Zeitangaben eine kurze, fast unmerkliche Pause einzulegen, sodass die Kinder neben der deutlichen Betonung auch noch Zeit haben, diese gedanklich einzuordnen. Der Satz heißt dann also: „Wir haben gleich --- Sport, aber vorher --- möchte ich noch eure Hausaufgaben sehen." Sie werden bemerken, dass nicht nur die Schüler positiv auf solch eine Strukturierung reagieren, durch die sie mehr Sicherheit erhalten, sondern dass diese Form des Sprechens – nachdem Sie sich daran gewöhnt haben – auch Ihnen mehr innere Ruhe im Unterricht verschaffen wird. Bitte beachten Sie, dass es Kinder gibt, mit denen man diese betonten Schlüsselwörter zunächst einüben muss. Kindern mit Wortschatzproblemen (semantisch-lexikalische Störungen) hilft eine sinnvolle Betonung nicht weiter, wenn sie die betonten Wörter nicht kennen. Eine intensive Wortschatzarbeit kann also als Voraussetzung von großer Bedeutung sein.

Weiterhin kann die Verständlichkeit der Sprache gesteigert werden, indem die **Konsonanten** als sogenannte „Stopppunkte" der Sprache besonders betont und die **Vokale** als „sprachtragende Elemente" leicht in die Länge gezogen werden. Allerdings führt diese Form des Sprechens schnell zu einer vollkommen unnatürlichen Sprechweise, sodass man allgemein den Ratschlag, **deutlich zu sprechen**, vielleicht vorziehen sollte. Diese Deutlichkeit wird insbesondere dann eingeschränkt sein, wenn der Sprecher einen ausgeprägten Dialekt spricht. Dazu gehört oft, dass Laute anders ausgesprochen werden als in der Hochsprache (typisch ist in diesem Fall z.B. die Unfähigkeit des Rheinländers, ein ch1 zu bilden– „isch weiß nit warum!"). Dies kann gerade bei Kindern, die Probleme bei der Ergänzung oder der Synthese haben, zu großen Missverständnissen führen. Auch die Angewohnheit, Endsilben zu verschlucken, gehört zu diesen Einschränkungen der Verständlichkeit.

Ein weiterer wichtiger Hinweis gilt **sprachverfälschenden Elementen**, wie Ironie oder Spott. Diese können bei allen Kindern jüngerer Altersgruppen zu Missverständnissen führen, um so mehr bei Kindern, die Probleme bei der Interpretation sprachlicher Signale haben. Hier kann es (wir haben das bei Alex gesehen) schnell zu emotionalen oder sozialen Auffälligkeiten kommen, weil Kinder durch die schwierigen Interpretationsverhältnisse vollkommen verunsichert werden.

Als letzten Ratschlag zu Ihrer Sprache möchte ich Ihnen mitgeben: **„Formulieren Sie kurz".** Dies kann durchaus zu extremen Ausdrucksweisen führen. So beschränke ich mich direkt nach Einschulung einer neuen Klasse von Schulanfängern in bestimmten Situationen auf die Anweisung „Rote Mappe" statt „nimm bitte die rote Mappe aus dem Ranzen", da manche Kinder mit der Nennung von zwei Substantiven pro Satz bereits an ihre Grenzen stoßen. Mit der Zeit und genauerer Kenntnis der möglichen Ansagen kann diese zugegebenermaßen sehr knappe Aussage natürlich erweitert werden. Am Anfang hilft sie vielen betroffenen Kindern, genau zu verstehen, was von ihnen erwartet wird. Dazu gehört auch, es gegebenenfalls bei einer Aufforderung zu belassen und die nächste erst nachzuschieben, wenn die erste erfüllt wurde. D.h. in der Praxis: „Rote Mappe" – alle Kinder nehmen die rote Mappe aus dem Ranzen und legen sie auf den Tisch, und erst wenn das von allen Kindern erledigt wurde, wird die nächste Aufforderung: „Stiftebox" nachgeschoben. Erst nach einigen Wochen wird dies zu einer Aufforderung zusammengefasst: „Rote Mappe (eine rote Mappe wird beispielhaft hochgehalten oder die Handbewegung geht beispielhaft zu einem Ranzen) und Stiftebox" (die Hand deutet auf das Regal, auf dem die Boxen abgestellt sind). Einigen Kindern hilft es, die Anzahl der Aufträge an Fingern aufzuzählen und zu visualisieren, sodass die Kinder in der Anzahl der erledigten Aufträge eine zusätzliche Kontrolle finden.

Darüber hinaus ist es für viele Kinder hilfreich, wenn Sie Ihre Aussage in **sehr klare Worte** verpacken. Ein Beispiel: Justin ist sehr unruhig, er wackelt mit dem Stuhl und schlägt mit seinem Schuh gegen die Tischbeine, hört aber dem Unterricht zu. Da Sie die mit seinem Bewegungsdrang verbundenen Geräusche stören, fordern Sie ihn auf: „Justin, hör bitte auf damit!" Justin schaut Sie erstaunt an und fragt ehrlich ahnungslos: „Womit? Ich mach nichts!" Aus seiner Sicht ist er vollkommen schuldlos zurechtgewiesen worden. Er hat zugehört und hat alles getan, was nötig war, um seine Fähigkeit, weiter zuzuhören, aufrechtzuerhalten. Er hat seine Unruhe durch (für ihn) kleine Bewegungen abreagiert. Klarer wäre hier die Aussage gewesen: „Justin, du machst mit deinen Beinen Lärm an den Tischbeinen. (Pause) Das stört mich und einige Kinder. (Pause) Könntest du damit bitte aufhören?" Optimal wäre es, Justin eine Alternative anzubieten, mit der er seine Unruhe geräuschlos abreagieren kann. Luftgefüllte Sitzkissen, kleine Gummibälle, die man in der Hand drücken kann oder einfach ein kurzes Rennen über den Schulhof können manchmal helfen. Als Lehrer sind wir uns aber auch einig, dass viele Kinder mit einiger Schulerfahrung wissen, womit sie aufhören sollen, wenn man ihnen sagt, sie sollen aufhören! Wichtig ist nur, dass Sie im Einzelfall hinterfragen, mit welchem Fall Sie gerade konfrontiert sind. Fassen wir kurz die einzelnen Aspekte einer für Kinder mit AVWS hilfreichen Lehrersprache zusammen:

Wenden wir uns nun einer Unterrichtsgestaltung zu, die in besonderer Weise die Bedürfnisse von Kindern mit auditiven Störungen berücksichtigt.

Die Unterrichtsgestaltung

Wie schon die bisher genannten Maßnahmen sollte sich auch eine angepasste Unterrichtsgestaltung an einer optimierten akustischen Qualität orientieren.

Beginnen wir an der Klassentür. Wir haben bereits darüber gesprochen, wie Sie Ihre Klasse akustisch optimieren können. Eine ganz einfache Methode heißt: „**Schließen Sie Ihre Tür.**" In vielen Schulen bedeutet „moderner" Unterricht, dass die Klassenräume offen gestaltet werden, dass es fließende Übergänge zwischen den Klassen und Räumen gibt. Das kann eine freundliche, aber leider oft auch laute Atmosphäre schaffen. Sie sollten sich nicht abschotten müssen, Ihre Tür darf im übertragenen Sinn immer für jeden Besucher offen stehen (hängen Sie alternativ ein Willkommensschild außen an Ihre Klassentür), im wörtlichen Sinn aber sollte sie geschlossen sein, um möglichst viel Lärm von außen auch draußen zu belassen. Ebenso wird Ihnen jede aktuelle Didaktik viel von offenen Unterrichtsphasen erzählen. Man gelangt gelegentlich zu der Ansicht, gelenkte Unterrichtsanteile seien strafbar und ausschließlich Gruppenarbeit, Freiarbeit

und Partnerarbeit seien noch vertretbar. Sicher sind dies lobenswerte Maßnahmen und auch Kinder mit auditiven Störungen sind natürlich in der Lage, sie zu erlernen und damit umzugehen, jedoch muss man sich im Sinne der Kinder nach dem richtigen Zeitpunkt und Umfang für solche Methoden fragen. In Klassen, in denen die Mehrzahl der Kinder auditive Teilleistungsstörungen aufweist, habe ich sehr gute Erfahrungen damit gemacht, den Unterricht zunächst – bis etwa ein halbes Jahr nach der Einschulung – vermehrt lehrerzentriert bzw. **gelenkt** zu gestalten, um den Lärmpegel so gering wie möglich zu halten. Erst wenn die äußeren Strukturen von den Kindern verinnerlicht sind, wenn Gesprächsregeln, Verhaltensregeln und Lernstrategien angelegt und wenigstens z.T. verinnerlicht sind, können offenere Unterrichtsphasen hinzukommen, ohne dass der Geräuschpegel sprunghaft ansteigt. Genau in solchen Phasen ist es dann von großer Bedeutung, für Kinder mit einer Hyperakusis (Überempfindlichkeit gegen Geräusche) z.B. Lärmschutzkopfhörer bereitzustellen oder ihnen räumliche Ausweichmöglichkeiten zu geben, sodass sie dem entstehenden zusätzlichen Lärm nicht gänzlich ungeschützt ausgesetzt sind. Bieten Sie solche offenen Unterrichtsphasen erst gehäuft an, wenn Ihre Kinder bereit dafür sind, wenn der Lärm in engen Grenzen bleibt und wenn Sie sicher sind, dass alle Kinder damit umgehen können. Fragen Sie die Kinder während der offeneren Phasen oder danach, wie sie die Geräusche wahrgenommen haben. Vereinbaren Sie Zeichen, wenn es einzelnen Schülern zu laut wird. Ich habe dafür ein Schild in meiner Klasse, auf dem ein stilisiertes schreiendes Männchen abgebildet ist, das rot durchgestrichen ist. Wird es einzelnen Kindern zu laut, gehen sie nach vorne und hängen das Schild mit einem Magnet an die Tafel. Dieses Signal reicht vielleicht nicht aus, um einzelne, sehr laute Kinder zu einer Geräuschreduktion zu veranlassen, aber es ist ein deutliches Zeichen für den manchmal „lärmresistenteren" Lehrer, für etwas mehr Ruhe zu sorgen. Ein weiterer Ratschlag betrifft allgemein die Kommunikation im Unterricht. Führen Sie **Gesprächsstrategien** ein, die dafür sorgen, dass so wenig wie möglich durcheinandergeredet wird. Und versuchen Sie, diese Regeln nicht nur akustisch, sondern auch visuell einzuführen und durchzusetzen. Ein Handzeichen, eine Signalkarte an der Tafel, ein besonderer Standort für bestimmte Handlungen können hier behilflich sein, sodass einerseits alle Kinder an die Regel erinnert werden und andererseits die Kinder mit AVWS eine visuelle Unterstützung erhalten.
Neben dem strukturierten Reden kann aber auch das Schweigen eine Struktur erhalten. Wir haben in den Einführungskapiteln bereits von auditiver Erschöpfung gehört. Kinder mit einer AVWS müssen sehr viel Energie in auditive Tätigkeiten investieren, sodass sie nach einiger Zeit u.U. eine Pause benötigen, in der sie nicht mehr zuhören müssen. Da kann es hilfreich sein, diese Pause visuell zu kennzeichnen. Eine Sanduhr signalisiert z.B. eine fünf- oder zehnminütige Stillarbeitsphase ohne akustische Stimuli, sodass betroffene Kinder genau wissen, dass sie, solange die Sanduhr läuft, eine **Zuhörerpause** einlegen können. Dies entspannt, entlastet und gibt den Kindern die Möglichkeit, ihr „auditives Aufmerksamkeitsdepot" wieder aufzuladen.

Zur Vermeidung einer auditiven Erschöpfung kann auch gehören, dass Sie **auditiv anspruchsvolle Tätigkeiten** eher in die **früheren Schulstunden** verlegen. Diktate z.B. stellen ein Höchstmaß an Herausforderung für viele Kinder mit AVWS dar. Wenn Sie nach einem anstrengenden Schulvormittag, in dem die Kinder bereits zahllosen Vorträgen folgen mussten, in der 4. oder 5. Stunde noch ein Diktat einfordern, überfordern Sie viele Kinder hoffnungslos. Die Kinder können ihre optimale Leistungsfähigkeit nicht mehr zeigen und umsetzen. Versuchen Sie, solche Anforderungen nach Möglichkeit in den ersten beiden Stunden des Tages unterzubringen.

Vermeiden Sie im Sinne einer weiteren Entlastung der Kinder, **zwei Tätigkeiten gleichzeitig** zu erwarten. Ein typisches Beispiel: Die Stunde neigt sich ihrem Ende entgegen, Sie sind ein wenig in Zeitnot und schlagen folgendes Vorgehen vor: „Schreibt die Hausaufgaben von der Tafel ab, in der Zwischenzeit erkläre ich schon einmal, wie es geht." Schon vielen Kindern ohne Beeinträchtigungen fällt es schwer, beim Schreiben zuzuhören, viele Kinder mit AVWS sind damit heillos überfordert und werden entweder falsch abschreiben oder der Erklärung nicht folgen können.

Wenn Sie nun also aus zeitlichen und didaktischen Gründen die Erklärung der Hausaufgaben in die Folgestunde verlegt haben, sollten Sie für alle Kinder, vor allem aber für Kinder mit auditiven Störungen sicherstellen, dass Ihre Erläuterung auch auf fruchtbaren Boden gefallen ist. Wir wissen aus Erfahrung, dass die Frage: „Habt ihr verstanden, was da zu tun ist?" reichlich überflüssig und sinnlos ist. Kein Kind wird sich in dieser Situation melden, um zuzugeben, dass es das nicht weiß. Sinnvoller ist also, **einzelne Kinder noch einmal erklären zu lassen**, wie die Aufgabe zu erledigen sein wird.

Was passiert nun aber, wenn sich bei der Wiederholung herausstellt, dass einzelne Kinder die Aufgabe nicht verstanden haben? Dann ist es hilfreich, wenn Sie im Kopf haben, mit welcher Strategie Sie am einfachsten zum Erfolg kommen. Sie erinnern sich an Alex? Der Junge, der den Satz „Nimm den Teddy in den einen Arm und die Puppe in den anderen Arm" fünf Mal wortwörtlich präsentiert bekommen musste, um ihn decodieren zu können. Wenn Sie Alex nun für die Hausaufgabe eine neue, umformulierte Erklärung bieten, werden Sie keinen Schritt weiter kommen, da er auch diese Erklärung mehrfach hören müsste, um sie verarbeiten zu können. Versuchen Sie also, Ihre **Erklärung so wörtlich wie möglich** zu wiederholen, um ihm die Chance für ein besseres und schnelleres Verstehen zu geben. Notfalls erklären Sie ihm die Aufgabe in der Pause in Ruhe. (Beachten Sie aber bitte, dass es auch Kinder gibt, die auf ganz herkömmliche Weise einfach nur die erste Erklärung nicht richtig oder vollständig verstanden haben und mit einer leicht umformulierten Erläuterung vollkommen glücklich und zufrieden sind.) Machen Sie nur nicht den Fehler, Alex vorzuhalten, dass 23 andere Kinder wüssten, was sie zu tun hätten und er beim nächsten Mal besser zuhören solle! Denn die wichtigste Regel im Umgang mit auditiv gestörten Kindern – wie übrigens mit allen anderen auch – lautet:

Das Kind muss <u>immer</u> nachfragen dürfen!!!

Mich hat einmal der Vater eines Schülers mit der Bitte um Aufklärung angerufen. Ich hätte ihm gesagt, Emanuel habe eine auditive Störung, er könne nicht immer alles, was er höre, richtig verstehen und es sei wichtig, geduldig das Gesagte zu wiederholen. Er habe den Ratschlag befolgt und seinem Sohn nun zum vierten Mal ruhig und mit Geduld – leider ohne erkennbaren Erfolg – erklärt, er solle sein Zimmer aufräumen. Er wolle nun von mir hören, ob eine viermalige Wiederholung ausreichend sei, ob er die Anweisung ein fünftes Mal ruhig und geduldig wiederholen solle oder ob er nun „deutlich" werden dürfe. Ich kannte Emanuel sehr genau und habe dem Vater zugestanden, auf eine fünfte geduldige Wiederholung zu verzichten. Natürlich gibt es Kinder, die schnell erkennen, dass in einer diagnostizierten auditiven Beeinträchtigung gewisse Vorteile liegen können. Auch Jan hatte es schnell heraus, bei der ersten Lehrererklärung vielleicht nicht so ganz genau hinzuhören, um dann ganz unschuldig und freundlich zu fragen: „Kannst du das noch einmal erklären? – Du weißt ja – meine Ohren!" Aber als Lehrer kennt man seine Schüler gut genug, um nach einiger Zeit die Unterschiede zu erkennen und durch Beobachtung herauszufinden, wann sich ein Kind Mühe beim Zuhören gegeben hat und wann die Mühe steigerbar gewesen wäre. Es kann dabei immer zu Missverständnissen und Ungerechtigkeiten kommen – niemand ist vollkommen und unfehlbar –, aber die große Linie muss stimmen. Und im Zweifelsfall verlieren Sie durch eine erneute, vielleicht unnötige Erklärung sicher weniger als das Kind, das zu Recht gefragt hat und eine Zurückweisung erhält. Um die Sache etwas zu überspitzen, könnte man formulieren:

Das Kind <u>muss</u> immer nachfragen!!!

Ich werde immer ausgesprochen ärgerlich, wenn Kinder etwas nicht verstanden haben und nicht fragen. Nach einiger Zeit verstehen die Kinder diese Regel, Fragen wird zur Selbstverständlichkeit und es entwickelt sich eine Fragekultur innerhalb der Klasse, wo jeder auf seinem Bedürfnisniveau fragt. Es kostet Zeit und manchmal auch gute Nerven, weil Kindern Fragen einfallen, die sehr gezielt dem Ziel des Lehrers entgegenwirken, aber auf lange Sicht lohnt es sich.

Was ist sonst für die Schule sinnvoll?

Die jetzt noch folgenden Ratschläge möchte ich in mehrere Kategorien unterteilen.
- Computerprogramme
- Bücherempfehlungen
- Einige konkrete Übungsratschläge für den Unterricht

Computerprogramme
Zum einen gibt es Übungen, die an bestimmte Computerprogramme gebunden sind. Viele dieser Programme wird man in der sprachtherapeutischen oder logopädischen Praxis finden, einige eignen sich aber auch durchaus für den schulischen oder häuslichen Kontext. Das gängigste und umfangreichste Programm, das auf dem deutschsprachigen Markt zu erwerben ist, dürfte „Audiolog" sein. Die Vollversion kostet 359 € und ist sicher nur für Schulen oder Praxen sinnvoll. Für den häuslichen Gebrauch ist eine Version erhältlich, die lediglich um eine Funktion geringer ausgestattet ist und die für drei Monate 39 €, für sechs Monate 69 € und für 12 Monate 109 € kostet. Da Eltern nach einer entsprechenden Einweisung gut mit dem Programm arbeiten können, stellt dies eine gute Möglichkeit der Kooperation zwischen Schule und Elternhaus dar. Sollte in der Schule die Möglichkeit für Einzelförderungen bestehen, würde ich dieses Programm uneingeschränkt empfehlen. Weitere Programme, die preislich deutlich günstiger sind (z.B. von F. Coninx), finden Sie in der Literaturliste. Diese Programme eignen sich durchgängig für den häuslichen Gebrauch, sind aber i.d.R. nicht so vielseitig einsetzbar. Die Nutzbarkeit ist selbstverständlich von den individuellen Teilleistungsstörungen des jeweiligen Kindes abhängig. Insgesamt gehen die Meinungen über computerunterstützte Programme natürlich auseinander. Einige Therapeuten oder Lehrer lehnen die Arbeit mit Hinweis auf die bekannten negativen Auswirkungen moderner Medien vollkommen ab. Ich habe durchaus positive Erfahrungen damit gemacht. Jeder muss hier für sich entscheiden und vielleicht die Motivierbarkeit des Kindes in die Überlegungen mit einbeziehen.

Bücherempfehlungen / Übungssammlungen
Selbstverständlich finden Sie am Ende des Buches eine Literaturliste mit Buchempfehlungen. Dennoch möchte ich einige Bücher genauer vorstellen bzw. herausgreifen, damit Sie sich einen Eindruck verschaffen können, welche Literatur vielleicht von Bedeutung und Interesse für Sie sein könnte. Einen Ratgeber möchte ich Ihnen in besonderer Weise ans Herz legen:

- Lupberger, N. (⁴2015): Auditive Verarbeitungs- und Wahrnehmungsstörungen im Kindesalter. Ein Ratgeber für Betroffene, Eltern, Angehörige und Lehrer

Frau Lupberger stellt das Störungsbild der auditiven Verarbeitungs- und Wahrnehmungsstörungen übersichtlich und sehr gut verständlich für die im Titel genannten Bezugsgruppen vor. Die Broschüre eignet sich hervorragend als Einstieg in die Thematik und Sie können sie z.B. Eltern sehr gut als Lektüre empfehlen, damit sie die Beeinträchtigung ihres Kindes besser verstehen und angemessener damit umgehen können. Älteren Betroffenen hilft sie, besser zu verstehen, was im eigenen Körper vorgeht.

Für den deutschsprachigen Raum muss noch das Buch von Frau Lauer genannt werden:

- Lauer, N. (⁴2014): Auditive Verarbeitungsstörungen im Kindesalter

Dieses Buch stellt das Standardwerk für den deutschsprachigen Bereich dar. Neben einer sehr detaillierten, medizinisch fundierten Einordnung des Störungsbildes unter Verwendung verschiedener Modelle zur auditiven Verarbeitung, der genauen Vorstellung einzelner Teilleistungsstörungen und der Einführung in therapeutische Ansätze entwickelt Frau Lauer in ihrem Buch ein Diagnose-Screening, das ohne technische Hilfsmittel auskommt (vgl. „Die Teilleistungen der auditiven Verarbeitung und Wahrnehmung"), sodass es auch für den Praktiker von Bedeutung ist.

Die Inhalte der anderen Bücher der Literaturliste sind sehr gut und treffend durch ihre Titel zu erkennen und z.T. für sehr interessierte Leser gedacht. Als sehr empfehlenswert kann u.a. folgende Übungssammlung genannt werden:

- Wilhelm, E. (2008): Hörschmaus. Förderung der auditiven Wahrnehmung und Verarbeitung (Reihe „Logopädische Rezepte")

Diese Mappe macht einem die praktische Arbeit mit vielen guten, schnell umsetzbaren Ideen und Kopiervorlagen sehr einfach und unkompliziert.

Ich möchte Ihnen aber noch zwei Bücher mit „auf den Weg geben", die es sicher etwas schwerer haben werden, Ihre Sympathie zu erlangen, da sie in englischer Sprache geschrieben sind:

- Bellis, T. J. (2003): When the brain can't hear

Zunächst einmal halte ich den Titel für einen wirklichen Geniestreich! Besser als mit „Wenn das Gehirn nicht hören kann" kann man das Phänomen der AVWS nicht beschreiben. Frau Bellis ist eine der wichtigsten Fachvertreterinnen für AVWS in den USA, was auch daran liegen könnte, dass sie selbst – durch einen Unfall bedingt – unter einer auditiven Störung leidet, sodass sie die Problematik sehr anschaulich und empathisch schildert. Der Wissenschaftlerin gelingt es, das so komplizierte Thema auch und gerade für den interessierten Laien gefühlvoll und spannend aufzubereiten. Darüber hinaus schreibt sie – bei grundsätzlich vorhandenen Englischkenntnissen – gut verständlich.

- Foli, K.; Hallowell, E.M. (2003): Like sound through water: A mother's journey through auditory processing disorder

Dieses Buch sollte jeder Lehrer gelesen haben, der Gutachten schreibt und damit Lebenswege für Kinder vorzeichnet! Es beschreibt den Kampf einer Mutter, deren Sohn sich nicht optimal entwickelt und der von den behandelnden Ärzten (USA) als „mentally retarded", also geistig behindert, eingestuft wird. Nach langen Umwegen wird bei diesem Jungen eine extrem umfangreiche AVWS diagnostiziert. Die Wege der Diagnose, der anschließenden Therapie sowie der sich daraus ergebenden erfreulich positiven Entwicklung des Jungen werden von der Mutter sehr emotional und empathisch geschildert. Ein realer Roman zum Thema sozusagen.

Die weiteren englischen Bücher sind extrem fachspezifisch und wirklich nur für den über die Schulpraxis hinaus wissenschaftlich interessierten Leser zu empfehlen. Schade aber, dass Bücher wie die beiden letztgenannten im deutschsprachigen Raum fehlen! Kommen wir nun zu konkreten Hinweisen für kurze Unterrichtsspiele oder Übungen.

Einige konkrete Übungsratschläge für den Unterricht

Es ist klar, dass eine umfangreiche Übungssammlung den engen Rahmen dieses Ratgebers sprengen würde. Hierfür sei noch einmal auf die Übungssammlungen bzw. Mappen in der Literaturliste verwiesen. Hier möchte ich Ihnen aber wenigstens einige Hinweise geben, wie Sie mit Kindern gewisse Strategien üben können, die für eine erfolgreiche Bewältigung des Unterrichtsalltages hilfreich sein können.

Grundsätzlich geht es für betroffene Kinder immer darum, sich auf sprachliche Reize zu konzentrieren, diese zu analysieren und angemessen zu verarbeiten. D.h., alle Spiele oder Angebote, die Sie machen, sollten zunächst einmal sprachlicher Natur sein, da sprachliche Signale in anderen Hirnregionen verarbeitet werden als z.B. Musik oder Geräusche. Wenn Sie Fähigkeiten mit Geräuschen üben, überträgt das Gehirn diese Fähigkeiten nicht automatisch auf sprachliche Arbeiten. Wollen Sie also sprachliche Fähigkeiten stärken, sollten Sie auch mit **Sprache üben**. Ein sehr beliebtes Spiel trainiert die Aufmerksamkeit auf Sprache. Lesen Sie den Kindern z.B. eine Geschichte von dem **Hasen Mümmel** vor. In der Geschichte sollte sowohl das Wort „Hase" als auch der Name „Mümmel" in unregelmäßigen Abständen vorkommen. Legen Sie als Spielanreiz Möhrenstücke oder rote Gummibärchen in die Mitte zwischen die Kinder. Immer wenn „Hase" oder „Mümmel" vorgelesen wird, müssen die Kinder reagieren. Derjenige, der zuerst auf das Zauberwort reagiert, darf sich ein Stück Möhre nehmen.

Lesen Sie kurze Geschichten vor und lassen Sie sie von den Kindern nacherzählen. Denken Sie sich ein **zentrales Wort** aus der Geschichte aus und geben Sie den Kindern eine Belohnung, wenn sie das Wort in der Nacherzählung verwendet haben.

Machen Sie viele verschiedene Spiele zur Sprache, mit denen sich die phonologische Bewusstheit trainieren lässt. **Reime, Rhythmus** und **einzelne Laute** sollten dabei im Zentrum stehen. **Sprechverse**, die Rhythmus mit Reim verbinden, sind geradezu ideal.

Geben Sie z.B. einen ersten Satz vor und lassen Sie den zweiten passend dazu ergänzen. Auch für Erwachsene kann es eine spannende und humorvolle Aufgabe sein, sich immer wieder neue Enden für solche Scherzsätze auszudenken („Ich sehe einen Hund graben – das muss doch einen Grund haben"; „Die Katze sprang auf einen Baum – sie wohnte dort, man glaubt es kaum" oder: „Die Katze sprang auf einen Baum – sie suchte neuen Lebensraum"...). Für Kinder kann es bereits ein Erfolg sein, wenn sie zu „Haus" die Reimwörter „Maus, raus, Laus" gefunden haben und nun mit „schaus, daus, faus" weiteralbern. Das beweist, dass sie das Prinzip des Reims verstanden haben und Spaß daran haben, mit Sprache zu spielen. Unterstützen Sie das und lachen Sie mit! Spiele zu **einzelnen Lauten** sind z.B. die bekannten Wortketten, bei denen man Wörter sucht, die alle mit demselben Laut beginnen (Haus, Hammer, Heinz, Himmel) oder bei denen das nachfolgende Wort mit dem Endlaut des vorherigen Wortes beginnt (Haus, Sommer, Reise, Elefant).

Besonders lustige Spiele gibt es zum Hören im **Störlärm**. Hierbei gilt die Grundregel, dass Störlärm durch die Mitspieler produziert wird, während ein Kind ein Zielwort erhören muss. Zwei Beispiele hierzu:

> *Die zuvor in vier gleich große Gruppen eingeteilten Kinder stehen in den vier Ecken des Raumes. Jede Gruppe soll nun ein Wort in mittlerer Lautstärke gemeinsam sprechen. Die eine Gruppe sagt z.B. „Windhund", Gruppe zwei „Spinnenbein", Gruppe drei „Ferien" und Gruppe vier „Ochsenschwanz". Alle Gruppen reden gleichzeitig. Der Hörer in der Mitte hat nun die Aufgabe, die vier Wörter zu erkennen.*

> *„Blinde Kuh": Die Kinder sind im Raum verteilt und murmeln, brummen, summen, etc. vor sich hin. Ein Kind (1) bekommt ein Wort/einen Ausdruck gesagt, das/den es beständig sprechen soll, z.B.: „komm mit". Ein zweites Kind bekommt die Augen verbunden. Kind 1 bewegt sich nun durch die murmelnde Gruppe, wobei es kontinuierlich seine Zauberformel spricht. Kind 2, die „Blinde Kuh", versucht, der Zauberformel durch den Geräuschwald zu folgen.*

Eine Kollegin von mir (herzlichen Dank für die Anregung an dieser Stelle!!!) hat sich für ihre Klasse eine wundervolle Übung zur **auditiven Merkfähigkeit** ausgedacht: Das Ganze lief unter dem Begriff **„Klassenrennen"**.

> *Die Kinder erhalten zu Beginn eine Silbe als Eintrittskarte, also z.B. „mi". Alle Kinder bewegen sich nun durch den Raum. Jedes Mal wenn sie bei der Lehrerin vorbeikommen, blockiert diese den Durchgang und gibt ihn erst frei, wenn sie die Eintrittskarte ins Ohr geflüstert bekommen hat. Natürlich steigert man den*

„Wert der Karte" mit der Zeit, gibt also zwei, drei und mehr Silben vor, die sich die Kinder merken sollen. Nach einem halben Jahr konnten sich alle Kinder vier Silben sicher merken. Man sieht also, dass bei regelmäßigem Training eine sichere und deutliche Steigerung möglich ist.

Alle diese Spiele dauern nur wenige Minuten am Tag, bewirken aber durch Regelmäßigkeit und den Spielcharakter eine deutliche Leistungssteigerung.
Ich höre immer wieder in Fortbildungen das Gegenargument „Was sollen wir denn noch alles üben!? Wo sollen wir die Zeit hernehmen?" Ich weiß sehr wohl, dass an Regelschulen selbstverständlich ein enormer Druck herrscht, in kurzer Zeit viel Stoff zu vermitteln. Bedenken Sie aber, dass Kinder, die die Basisfähigkeiten nicht haben, den Unterrichtsstoff auch nicht erwerben werden. Viele der genannten Spiele fördern Vorläuferfähigkeiten zum Lesen und Schreiben, sind also keine verschwendete Zeit, sondern legen die Basis für den Schriftspracherwerb und können bei regelmäßiger Anwendung ein Versagen von Kindern mit AVWS u.U. verhindern oder wenigstens deutlich abmildern.
Ein zusätzlicher Ratschlag hierzu: Beraten Sie sich mit anderen Therapeuten, die mit dem Kind arbeiten. Ich bin immer wieder verblüfft über das Erstaunen von Lehrern, wenn sie von der Möglichkeit eines Gedankenaustausches mit Logopäden oder Sprachtherapeuten hören. Ich habe die Erfahrung gemacht, dass alle Therapeuten, mit denen ich Kontakt aufgenommen habe, zu einer Kooperation im Sinne des Kindes immer bereit waren. Ich denke, dass alle Fachleute, die mit dem Kind befasst sind, in Verbindung miteinander stehen sollten, um Kooperationspannen wie z.B. bei Alex zu vermeiden.
Und – so selbstverständlich, dass man es gerne vergisst – sprechen Sie sich mit den Eltern ab. Diese sind dafür verantwortlich, dass das Kind zu Hause eine optimale Lern- und Entwicklungsumgebung erhält. Übungen können und sollten zu Hause aufgenommen und gefestigt werden. Das Kind benötigt z.B. eine ruhige, von Radio und Fernsehen befreite Zone, um seine Hausaufgaben zu machen. Dies alles **muss** zwischen **Schule**, **Elternhaus** und anderen begleitenden **Therapeuten** besprochen und gesichert werden.
Abschließend an dieser Stelle noch eine kurze Bemerkung zu **Schriftsprachansätzen**. Die aktuellen Ansätze tendieren überwiegend zu einem silbenorientierten Vorgehen (statt einem synthetischen). Gerade bei der Arbeit mit Kindern mit unterschiedlichsten auditiven Teilleistungsstörungen hat sich dieser Ansatz tatsächlich bewährt. Er entlastet z.B. die auditive Merkfähigkeit (es ist leichter, sich die drei Silben von „To – ma – te" zu merken als die sechs Buchstaben „T – o – m – a – t – e") sowie die Lautdifferenzierung. (Fragen Sie einmal einen Schulanfänger, wie „Tomate" beginnt, und er wird Ihnen immer antworten „To". Dann bringen wir ihm mühsam bei, dass dieses rote Gemüse aber mit „T" beginnt, nur damit er ein paar Wochen später wieder „To" schreiben soll.) Es macht also durchaus Sinn, sich einmal von althergebrachten und lieb gewonnenen Lehrgängen zu verabschieden und sich neueren Ansätzen zuzuwenden. Die meisten Verlage haben mittlerweile entsprechende Lehrwerke in ihrem Angebot (beispielhaft seien hier „ABC

der Tiere" oder „Karibu" genannt). Bei Kindern, die die Buchstaben beherrschen, jedoch trotzdem nicht zum Lesen oder Schreiben kommen, haben sich minimalistischere Vorgehensweisen bewährt. (Der Kieler Leseaufbau / Rechtschreibaufbau z.b. sei hier als sehr empfehlenswertes Zusatz- bzw. Differenzierungsmaterial genannt.) Ansonsten ist auch hier die schulische Aufgabe, sich nicht stur an festgelegte Konzepte zu klammern, sondern den Kindern die unterschiedlichsten Angebote zu machen, sodass das einzelne Kind schließlich wählen kann, nach welcher Methode es lernen möchte.

Und das Kind?

Ja, nicht nur der Lehrer, auch das Kind hat eine Verpflichtung, bewusst mit seiner Einschränkung umzugehen und aktiv an seinem Lernverhalten zu arbeiten. Je älter das Kind bzw. der junge Erwachsene wird, desto größer werden diese Verpflichtung und die Verantwortung für sich selbst. Allerdings sollte die Anbahnung der meisten Ziele eher in die Hand eines erfahrenen Therapeuten gegeben werden (Logopäde, Sprachtherapeut), sodass die Schule letztlich mehr unterstützend wirken sollte. Dennoch kann natürlich vorrangig der Lehrer das Kind in seinem Lernverhalten fördern. Was die Ziele für das Kind sein sollten, wollen wir uns daher nun kurz anschauen:
Das wichtigste Ziel für das betroffene Kind sollte wohl sein, mit seinen Einschränkungen bewusst umzugehen. Es muss sich der Sprache und deren Herausforderungen offen und aktiv stellen, bemerken, wenn im Verständnis etwas schief läuft und Maßnahmen ergreifen, um angemessene Korrekturen vornehmen zu können. Dafür lautet die wichtigste Maßnahme:

  Aktives Zuhören

Dies beinhaltet verschiedene Verhaltensregeln, die nicht leicht zu erlernen sind.
Das Kind sollte eine **innere Motivation** erreichen, mit der es dem Vortrag folgen kann. Je größer die Motivation, desto größer die Bemühungen, zum Erfolg zu kommen (Sie erinnern sich an „Caesar"?). Es sollte nach Möglichkeit **Körperspannung** halten beim Zuhören. Dahinter steht die Erfahrung, dass wir oft auch innerlich „abschlaffen", wenn wir uns körperlich entspannen. Es sollte beständigen **Augenkontakt** zum Sprecher halten, um einerseits gedanklich nicht abzudriften und andererseits alle verfügbaren Informationsquellen auszuschöpfen (Mimik, Gestik, Mundbild). Zum aktiven Zuhören gehört auch eine inhaltliche **Erwartungsbildung**. Folgt das Kind gedanklich aufmerksam den Ausführungen, dann kann es sich besser eigene Vorstellungen dazu machen und sich überlegen, wohin die thematische „Reise" noch gehen könnte. Im Abgleich mit den realen Ausführungen kann dann das eigene Verständnis überprüft werden. Ein ganz wichtiger Aspekt ist, die **Verantwortung für die Mitteilungsqualität** mit zu übernehmen. Versetzen Sie sich dafür bitte einmal in Ihre eigene Schulzeit zurück.

Denken Sie an denjenigen Lehrer, vor dem Sie – neutral formuliert – den größten Respekt hatten. Und nun gehen Sie einmal in Gedanken zu dieser Person und erklären ihr in freundlichen Worten, dass Sie sie nicht verstehen, weil die Heiserkeit stört, die Person beständig zu leise spricht oder einen unsäglichen Dialekt pflegt. Und bestehen Sie darauf, einen Sitzplatz in einer vorderen Reihe zu erhalten, weil Sie weiter hinten gar nichts mehr verstehen. Dazu gehört offener Mut. Dazu gehört, eigene Schwächen einzugestehen, Schwächen eines in der „Rangfolge" höher Stehenden aufzudecken und anzusprechen, ohne Angst vor möglichen Konsequenzen haben zu müssen. Nicht jedes Kind, das ohnehin bereits viel Versagen erlebt hat, bringt diesen Mut auf. Wie oft hat dieses Kind gehört: „Ach, wieder mal nicht richtig zugehört?" Dann steht plötzlich eine ärztliche Diagnose im Raum und man soll mit dem im besten Fall lediglich vorwurfsvollen Lehrer besprechen, wie man nun behandelt werden muss.

Ich führe dieses Problem so gründlich aus, um Ihnen vor Augen zu führen, dass es zwar in der Verantwortung des Kindes liegt, dies anzusprechen, es aber auch in Ihrer Verantwortung liegen **muss**, ein Lehrer zu sein, mit dem man dies besprechen kann!

Das Kind sollte weiterhin lernen, auf wichtige Schlüsselwörter zu achten, die z.B. Ursache – Wirkung, zeitliche Vorgänge, etc. verdeutlichen. Diese Schlüsselwörter müssen natürlich vorher erlernt werden, was in den kooperierenden Händen von Therapeuten und Lehrern liegen sollte. Der Therapeut benötigt hier in jedem Fall Ihre Hilfe, denn er kann zwar die Wörter anbahnen und festigen, aber er muss von Ihnen die „Zauberwörter" mitgeteilt bekommen. Ebenso sollte das Kind Inhalte des Hörtrainings im Unterricht anwenden, also z.B. die Filterung des Nutzschalls aus dem Störschall. Auch hier geht es um einen Transfer der in der Therapie gelernten Inhalte in den Alltag, den Sie von schulischer Seite unterstützen können. In weiterführenden Schulen kann es sinnvoll sein, Schülern zu erlauben, Stunden digital aufzunehmen, um das, was sie während der Stunde nicht verarbeitet haben, zu Hause nachbereiten zu können. Auch hier liegt es in der Verantwortung des Schülers, darum zu bitten, so wie es in der Verantwortung des Lehrers liegt, dies zu gestatten. Besonders in spezifischen Fächern (z.B. Physik, Chemie, ...) kann es nützlich sein, neue Fachtermini betroffenen Schülern bereits vor der Stunde zugänglich zu machen oder diese wenigstens schriftlich zu präsentieren, damit Schüler nicht unnötig lange mit der Decodierung der unbekannten Wörter beschäftigt sind und deswegen weitere Ausführungen verpassen. Hier kann es auch sinnvoll und notwendig sein, dass Schüler während der Vorträge mitschreiben dürfen. Jeder Schüler, der lange Jahre mit seiner Störung lebt, wird Strategien erworben haben, wie er am besten den Unterrichtsalltag bewältigen kann. Diese sollten – insbesondere wenn sie von sonst üblichem Verhalten abweichen – mit dem Lehrer besprochen und möglichst genehmigt werden. Ermuntern Sie die betroffenen Kinder, über das Problem zu sprechen und die Gründe zu erklären, damit auch die Mitschüler eventuell abweichendes Verhalten verstehen. Abschließend kann ich Ihnen nur den Rat geben, mit dem Schüler gemeinsam zu versuchen, den besten Weg zu finden. Ermuntern Sie Ihre Schüler, aktiv

nach angemessenen Strategien zu suchen, Verbesserungen wie Verschlechterungen anzusprechen und neue Möglichkeiten auszutesten nach dem Motto: **„Probieren geht über Studieren".** Jedes Kind, jeder Jugendliche ist ein Einzelfall, der nicht notwendigerweise in ein allgemeines Standardprogramm passt und für den alle Beteiligten **den** Weg finden müssen.

So, das war`s – und nun?

Nun sind wir also am Ende angekommen. Sie haben sich durch Anatomie, Physiologie, Teilleistungsstörungen, Diagnose und Vieles mehr gearbeitet, haben viele praktische Anregungen erhalten, wie Sie Ihren Unterricht gestalten können, wie Sie Kinder mit auditiven Beeinträchtigungen in ihrem Alltag unterstützen können. Sie wissen, wohin ein Kind mit einem dominanten rechten Ohr im Klassenraum gehört, wissen, welche Schwierigkeiten ein Kind mit einer Störschallproblematik hat und – wissen vielleicht gar nichts! Natürlich kommen Sie ohne diese Ausstattung nicht aus, aber die Wissenschaft tut sich mit dem Phänomen der auditiven Verarbeitungs- und Wahrnehmungsstörungen nicht umsonst so schwer. Es lässt sich nicht so leicht in Statistiken erfassen, Sie können nicht immer Diagramme, Skalenwerte, Durchschnitt und Standardabweichung festlegen. Es bleibt zunächst ein individuelles Phänomen. Definitionen und Begriffsklärungen, Ausschlusskriterien, Konsenuspapiere und „technical reports" lassen oft genug vergessen, dass sich das einzelne Kind mit seinen Problemen, mit seinen Bedürfnissen, Ängsten und Hoffnungen damit nicht greifen lässt. Und hier beginnt nun Ihre Aufgabe. Werden Sie zum Forscher ohne Scheuklappen, betrachten Sie das Problem aus allen Blickwinkeln. Entdecken Sie Ihre berufliche Neugierde wieder, denn das Feld der AVWS ist ein noch in vielen Bereichen unbeackertes Feld. Jedes Kind stellt uns hier vor eine neue Herausforderung, der wir nicht mit Standards oder Vorgaben gewachsen sein werden, sondern nur mit der kontinuierlichen Bereitschaft, Empfehlungen zu testen, nur um sie bei Bedarf über Bord zu werfen und Neues auszuprobieren. Begeben Sie sich auf die Suche nach alternativen Wegen und vergessen Sie dabei nicht, den kompetentesten Begleiter mitzunehmen – das Kind! Sie können keine wertvollere Arbeit leisten, als das Kind zu seinem eigenen Therapeuten zu machen. Geben Sie ihm das Selbstvertrauen, das es braucht, um in Zukunft in Schule, Beruf und Alltag mit seiner Störung bewusst umzugehen, damit zu leben und sich

nicht einschränken zu lassen. Wenn Sie das geschafft haben, können Sie zusammen mit dem Kind stolz vorweisen, dem Teufelchen seine Macht entzogen zu haben.
Bei diesem Vorhaben wünsche ich Ihnen und Ihren Kindern viel Erfolg, viel Freude und noch mehr Kreativität!!!

Literatur, Material und Adressen

Deutsche Bücher:
Böhme, G. (^{2}2008): Auditive Verarbeitungs- und Wahrnehmungsstörungen
Homburg, G.; Iven, C.; Maihack, V. (Hrsg.) (2002): Zentral-auditive Wahrnehmungsstörungen – therapierelevantes Phänomen oder Phantom? – Eine interdisziplinäre Diskussion. Tagungsbericht zum 3. Wissenschaftlichen Symposium des dbs e.V. am 18. und 19. Januar 2002 in Berlin
Lauer, N. (^{4}2014): Auditive Verarbeitungsstörungen im Kindesalter
Lupberger, N. (^{4}2015): Auditive Verarbeitungs- und Wahrnehmungsstörungen im Kindesalter. Ein Ratgeber für Betroffene, Eltern, Angehörige und Pädagogen
Nickisch, A.; Gross, M.; Schönweiler, R.; Uttenweiler, V.; Dinnesen, A.G.; Berger, R.; Radü, H. J.; Ptok, M. (federführender Autor: Nickisch, A.) (überarbeitete und aktualisierte Version 2006): Auditive Verarbeitungs- und Wahrnehmungsstörungen, Konsensus-Statement
Nickisch, A.; Heber, D.: Burger-Gartner, J. (^{5}2016): Auditive Verarbeitungs- und Wahrnehmungsstörungen (AVWS) bei Schulkindern
Nickisch et al. (2019): S1-Leitlinie 2019 Auditive Verarbeitungs- und Wahrnehmungsstörungen (AVWS). Herausgegeben von der Deutschen Gesellschaft für Phoniatrie und Pädaudiologie

Englischsprachige Bücher:
Bellis, T.J. (2003): When the brain can`t hear
Bellis, T.J. (^{2}2011): Assessment and management of central auditory processing disorders in the educational setting – From science to practice
Chermak, G.D.; Musiek, F.E. (^{2}2013): Handbook of central auditory processing disorders – Comprehensive intervention – Volume I
Chermak, G.D.; Musiek, F.E. (^{2}2013): Handbook of central auditory processing disorders – Comprehensive intervention – Volume II
Foli, K.; Hallowell, E.M. (2003): Like Sound through water: A mother's journey through auditory processing disorder

Diagnostik:
Audiva – Hören und Bewegen
   Test-CD für die auditiven Funktionen. Ordner für Anamnese und Diagnostik
   Test-CD spezial: Neue Testverfahren als Ergänzung zur Test-CD
Barth, K.; Gomm, B. (^{3}2014): Gruppentest zur Früherkennung von Lese- und Rechtschreibschwierigkeiten. Zu beziehen über die Testzentrale Hogrefe Verlag
Brunner, M.; Troost, J.; Pfeiffer, B.; Heinrich, C.; Pröschel, U. (2001): Heidelberger Vorschulscreening. Zu beziehen über die Testzentrale Hogrefe Verlag
Jansen, H.; Mannhaupt, G.; Marx, H.; Skowronek, H. (^{2}2002): Bielefelder Screening. Zu beziehen über die Testzentrale; Hogrefe Verlag

Küspert, P.; Schneider, W. (⁶2006): Hören, Lauschen, Lernen
Nickisch, A.; Heuckmann, C.; Burger, T. (2004): MAUS - Münchner Auditiver Screeningtest für Verarbeitungs- und Wahrnehmungsstörungen
WESTRA Elektroakustik GmbH, Wertingen, Tel.: 08272 – 99960; z.B.
- Audiometrie Disc Nr. 20: Hörtest mit zeitkomprimierter Sprache für Kinder
- Audiometrie Disc Nr. 5: Dichotische Sprachtests
- weitere CDs zur auditiven Diagnostik

Fördermaterial:
Kieler Leseaufbau: Veris Direct Verlag Kiel
Audiolog, zu beziehen z.B. über ProLog, Köln
miniLük Förderspiele Hörspaß (Frans Coninx), Westermann lernspiel
Wilhelm, E. (2008): Hörschmaus; Förderung der auditiven Wahrnehmung und Verarbeitung (Reihe „Logopädische Rezepte"); ProLog, Köln

An wen Sie sich wenden können:
- Gesundheitsämter (zur Vermittlung von regionalen Adressen)
- HNO-Ärzte / Phoniater (die kompetente und spezialisierte Diagnostik durchführen sowie Therapeuten empfehlen bzw. eine Behandlung verordnen können)
- Schulpsychologische Dienste (z.B. für Entwicklungstests)
- Kliniken bzw. Universitätskliniken, hier jeweils die Abteilungen für Phoniatrie und Pädaudiologie für spezielle Diagnostiken

Berufsverbände, die regionale Therapeuten vermitteln können:
- Deutscher Bundesverband der akademischen Sprachtherapeuten (Goethestraße 16, D-47441 Moers; www.dbs-ev.de)
- Deutscher Bundesverband für Logopädie e.V. (Augustinusstraße 11 a, D-50226 Frechen; www.dbl-ev.de)
- Deutsche Gesellschaft für Sprachheilpädagogik e.V. (Werderstr. 12, D-12105 Berlin; www.dgs-ev.de)

Und noch einige Internetadressen:
- www.avws.de
- www.audiva.ch
- www.dgpp.de
- www.westra.de
- www.schwerhoerigenforum.de